Wien in alten Ansichtskarten
Floridsdorf und Donaustadt

von Heinrich Berg und Walter Lukan

Europäische Bibliothek ZALTBOMMEL / NIEDERLANDE

DIE DAMALS REIHE

D ISBN 90 288 5119 4

Vierte Auflage, 1996: Neuauflage der ursprünglichen Ausgabe von 1991.

21. Bezirk Floridsdorf

Der 21. Wiener Gemeindebezirk entstand durch einen Gemeinderatsbeschluß des Jahres 1904. In den folgenden Jahren wurden die Großgemeinde Floridsdorf, Jedlersdorf, Strebersdorf und Leopoldau sowie Aspern, Hirschstetten, Kagran und Stadlau dem Wiener Stadtgebiet einverleibt. Mit der Gebietserweiterung des Jahres 1938 kam Stammersdorf dazu. Gleichzeitig wurde aus dem südöstlichen Teil und mehreren bis dahin selbständigen Gemeinden des Marchfelds ein neuer Bezirk geschaffen, der nach dem Zweiten Weltkrieg mit verringertem Gebiet bestehen blieb und den Namen Donaustadt erhielt.
Der Lebensraum des heutigen 21. Bezirks wurde im Lauf der Jahrhunderte ganz wesentlich durch die Donau geprägt. Fast alle der im Mittelalter hier entstandenen Dörfer blieben bis zur Regulierung dem Strom ebenso verbunden wie ausgeliefert. Als neuer Faktor für die Entwicklung kamen mit dem Beginn der modernen Welt die Verkehrswege dazu, deren Ausbau das Wachstum der alten Ortschaften beeinflußte und neue entstehen ließ. Seit dem vorigen Jahrhundert veränderten die Eisenbahn und die ihr folgende Industrie die wirtschaftlichen, sozialen und räumlichen Gegebenheiten ganz nachhaltig. Schließlich setzten die kommunalen Wohnbauprogramme von den zwanziger Jahren bis heute neue Akzente in der Stadtlandschaft.
Jedlesee wird bereits in einer der ältesten mittelalterlichen Urkunden, die Wiener Boden betreffen, kurz nach dem Jahr 1000 genannt. Seine Entwicklung verdankte der Ort einem günstigen Donauübergang, dessen Bedeutung allerdings mit der Errichtung von festen Brücken 1439 zurückging. Wie alle Dörfer in diesem Bereich hatte Jedlesee immer wieder unter Epidemien, Kriegstruppen und Hochwässern zu leiden. Einer der größeren Donauarme, die Schwarze Lacke, floß unmittelbar am Ort vorbei und bedrohte öfter seine Existenz. Der Bau der Reichsstraße nach Prag im 18. Jahrhundert lenkte den Verkehr abseits vorbei, sodaß die weitere Ausdehnung wieder den Anschluß an diese Lebensader schaffen mußte. Nach dem Zusammenschluß mit Floridsdorf zur Großgemeinde verdichtete sich die Verbauung an der Prager Straße und wurde bis zum Ersten Weltkrieg fast vollständig geschlossen.
Der Boden von Leopoldau ist wohl der älteste Siedlungsbereich im heutigen Bezirk, wie Funde schon aus der Jungsteinzeit zeigen. Im Gegensatz zu Jedlesee bewirkte der Bau des festen Donauübergangs im Spätmittelalter eine günstigere Anbindung an die Stadt mit ihren Absatzmöglichkeiten und damit einen wirtschaftlichen Aufschwung für den Ort. Im 18. Jahrhundert gingen ihm Flächen für die Gründung von Floridsdorf verloren. Im 19. Jahrhundert verselbständigte sich die mit dem Wachstum der Industrie entstandene Siedlung von Neuleopoldau zusammen mit Mühlschüttel als Gemeinde Donaufeld. Leopoldau blieb im Kernbereich weiterhin immer landwirtschaftlich geprägt, doch brachte die Eingemeindung nach Wien mit der Errichtung des städtischen Gaswerks und der großen Siedlungen auch wesentliche neue Entwicklungen mit sich.
Großjedlersdorf entstand als Straßendorf am ursprünglichen Fernverkehrsweg nach Mähren in der Mulde eines verlandeten

Donauarmes. Im 18. Jahrhundert war es ein kleines Wallfahrtszentrum. 1782 wurde am Spitz eine Neusiedlung angelegt, die sich 1804 verselbständigte und 1874 mit Floridsdorf vereinte. Die Errichtung der Bahnlinien bewirkte die Entstehung zahlreicher Industriebetriebe in der Jedlersdorfer Peripherie. Diese Gebiete gingen aber am Ende des vorigen Jahrhunderts an die Großgemeinde verloren, bis schließlich auch der Ort selbst 1905 im 21. Bezirk aufging.
Von den ehemaligen Gemeinden im Bezirk hat Stammersdorf seinen auf die Anlage zurückgehenden Grundriß eines Linsenangerdorfers im Ortsbild weitestgehend bewahrt. Noch heute überragt der massive Turm der mittelalterlichen Wehrkirche den Ort. Den wichtigsten Wirtschaftszweig bildete seit dem Mittelalter der Weinbau. Fernverkehrsstraßen und Eisenbahn blieben ohne wesentlichen Einfluß auf die Entwicklung. 1928 erhielt die Gemeinde das Marktrecht. Zehn Jahre später erfolgte die schon seinerzeit gemeinsam mit den anderen Orten angestrebte Eingemeindung.
Der mittelalterliche Ort Strebersdorf ging bei einem Hochwasser 1440 zugrunde und wurde in der Folge auf dem heutigen Platz wiedererrichtet. Lange Zeit bildeten Weinbau und Schafzucht die Haupterwerbsquellen der Bevölkerung. Eine bedeutende strukturelle Änderung rief die Ansiedlung der Schulbrüder hervor, die ab 1886 hier ein Schulzentrum aufbauten. Nachdem Strebersdorf schon einen Teil seines Gebietes an den neuen 21. Bezirk verloren hatte, wurde 1910/11 auch der Ort selbst nach Wien eingemeindet.

1786 legte das Stift Klosterneuburg unter Propst Floridus Leeb östlich der Brünner Straße eine neue Siedlung an, die nach dem Initiator Floridsdorf benannt wurde. Sie entwickelte sich relativ rasch, vor allem als die Errichtung zahlreicher Fabriken in der unmittelbaren Umgebung in der zweiten Hälfte des vorigen Jahrhunderts einen großen Zuzug von Arbeitern hervorrief. 1894 wurden die Gemeinden Floridsdorf (seit 1874 mit Neujedlersdorf vereint), Jedlesee und Donaufeld zur Großgemeinde zusammengeschlossen. Der niederösterreichische Statthalter Kielmannsegg verfolgte als deren wesentlicher politischer Förderer die Absicht, ein Gegengewicht zu Wien zu schaffen, das schließlich zur neuen Hauptstadt von Niederösterreich aufsteigen sollte. Die Politik der betroffenen Gemeinden und des Wiener Bürgermeisters Lueger lief dem allerdings zuwider, sodaß das Gebiet schließlich nach Wien eingemeindet wurde.
Der Bezirk Floridsdorf entwickelte sich in der Folge in steigendem Maß zu einem Industrie- und Verkehrszentrum. Den sozialen Gegebenheiten in diesem Arbeiterbezirk trug die Gemeindeverwaltung des Roten Wien durch den Bau kommunaler Wohnhausanlagen Rechnung. Im Zweiten Weltkrieg waren die Industriebetriebe vorrangiges Ziel von Bombenangriffen, durch die der Bezirk schwer verwüstet wurde. Nach 1945 wurde die Tradition des kommunalen Wohnungsbaues wieder aufgenommen und mit der Errichtung von Siedlungen und Satellitenstädten bis in die jüngste Zeit fortgesetzt.

1. Vom Spätmittelalter bis ins vorige Jahrhundert verlief der einzige feste Verkehrsweg von Wien über die Donau nach Norden über eine Reihe von Holzbrücken, die an immer wieder wechselnden Stellen durch das ausgedehnte Augebiet führten. Im Zuge der Donauregulierung entstand 1872-1874 noch vor dem Durchstich in Trockenbauweise eine durchgehende eiserne Kastenbrücke, die Kaiser-Franz-Josephs-Brücke. Als diese dem Verkehrsaufkommen des stark wachsenden Bezirks nicht mehr ausreichte, wurde 1911/12 ein Neubau beschlossen, der 1923 dem Verkehr übergeben werden konnte. 1945 von den deutschen Truppen beim Rückzug gesprengt, genügte die wiederaufgebaute Brücke mit den charakteristischen Rundbogen ihrer Bestimmung, bis auch sie 1977/78 einem Neubau weichen mußte.

2. Seit dem Ende des 17. Jahrhunderts blieb der Brückenverlauf über die ausgedehnten Arme der Donau unverändert. Seinen Endpunkt bildete die Große Taborbrücke im Bereich des heutigen Wasserparks. Die Lage des Brückenkopfes und die Entstehung eines festen Straßenzuges zählen unter die Faktoren, die zur Zeit Kaiser Josephs II. die Entstehung der Ortschaften Jedlersdorf am Spitz und Floridsdorf in diesem Bereich begünstigten, von dem aus die Wege nach Böhmen, Mähren und der Slowakei auseinanderliefen. Im Bild die Floridsdorfer Hauptstraße vor der Jahrhundertwende.

3. Im Jahre 1786 wurde an der Gabelung der beiden Fernstraßen nach Prag und Brünn ein Gemeindewirtshaus errichtet. Zunächst stand es im Besitz von Jedlersdorf, dann der Gemeinde Spitz. In den letzten Jahrzehnten des vorigen Jahrhunderts diente es der vereinigten Ortsgemeinde Floridsdorf und dann der Großgemeinde als Gemeindehaus. 1901-1903 wurde es durch einen Neubau ersetzt, dessen repräsentative Gestaltung der beabsichtigten Stellung Floridsdorfs als niederösterreichischer Hauptstadt entsprechen sollte. Nach der Eingemeindung fand das Gebäude als Magistratisches Bezirksamt des neuen 21. Bezirks Verwendung. 1881 konnte die Gemeinde Floridsdorf nach mehrjährigem Tauziehen mit der niederösterreichischen Regierung im Gemeindehaus eine eigene Sparkasse eröffnen. 1895 erhielt diese ein neues Haus (links im Bild), das vom Nachfolgeinstitut bis heute benützt wird.

4. Prager und Brünner Straße bilden schon seit Jahrhunderten wesentliche Verkehrsadern von und nach Norden und Nordwesten. Unter Kaiser Karl VI. wurden sie als Reichsstraßen für den Postverkehr in die böhmische und die mährische Hauptstadt ausgebaut und als 'Umfahrungsstraßen' an den anliegenden Orten vorbeigeführt, für die sie in der Folge wesentliche Wachstumsachsen darstellten. Der Blick vom Dach des Rathauses Richtung Bisamberg (Bild oben) zeigt unter anderem ein Stück vom Verlauf der Nordwestbahn, die Schlote der Mautner-Markhofschen Fabriken und der Brauerei St. Georg mit der Gartenanlage der Direktionsvilla an der Prager Straße sowie den Dachbereich der Bezirkshauptmannschaft. Im Gegenstück Richtung Brünner Straße (Bild unten) ist rechts die Ecke zur Schloßhofer Straße zu sehen; weiter hinten das Gaswerk, das Floridsdorf und die umliegenden Orte von 1870 bis 1912 versorgte. Seit 1886 verkehrte in der Brünner Straße die Dampfstraßenbahn von Wien-Augartenbrücke über Floridsdorf nach Stammersdorf, deren Geleise in der Straßenmitte verlaufen.

5. Blick vom Turm des Rathauses auf den alten Ortskern von Floridsdorf, das Propst Floridus von Klosterneuburg 1786 als Neusiedlung auf der Leopoldauer Hutweide begründet hatte. Vorn die Schloßhofer Straße, rechts überragt der Turm von St. Jakob den Pfarrhof. Mitten im Bild die Rückfront der Häuserzeile an der Angerer Straße, die rechts vom Arbeiterheim abgeschlossen wird. Dahinter die Dächer des alten Floridsdorfer Bahnhofs der Nordbahn und die Schlote der Floridsdorfer Mineralöl-Fabrik.

6. Ein Blick vom Spitz in die Schloßhofer Straße zeigt ganz rechts einen Schuhmacherladen. Im zweistöckigen Gebäude daneben war um die Jahrhundertwende die Floridsdorfer Post untergebracht. Das folgende Haus, dem heute das Eckhaus zum Franz-Jonas-Platz entspricht, diente ab 1805 als Schulhaus. 1842 aufgestockt, 1868 und 1874 erweitert, wurde es im Jahr 1891 als Volksschule durch den Neubau in der Schöpfleuthnergasse abgelöst. Die Knaben-Bürgerschule verblieb noch bis 1900 hier und übersiedelte dann ins 'Jubiläumsschulgebäude', um der provisorischen Unterbringung des Gymnasiums Platz zu machen, das wiederum von der Gewerbefachschule abgelöst wurde. Der Gasthof im zweistöckigen Gebäude vor der Brücke der Nordbahn beherbergte um die Jahrhundertwende den ältesten Floridsdorfer Radfahrerklub 'Nordwien' (gegründet 1888).

7. Auf dieser Aufnahme aus der Zeit vor der Jahrhundertwende geht der Blick von der heutigen Hermann-Bahr-Straße stadteinwärts. In der Straßenmitte der noch ungepflasterten Straße verlaufen die Schienen der Dampftramway. 1884 hatte die 'Lokomotivbaugesellschaft Kraus & Comp.' eine Konzession zum Bau dieser Nahverkehrsverbindung von Wien-Augartenbrücke über Floridsdorf nach Stammersdorf erhalten. 1886 wurde die Strecke eröffnet. Im selben Jahr wurden auf der ehemaligen Floridsdorfer Gemeindeheide zwischen Peitlgasse und Immengasse ein Rangierbahnhof und ein Administrationsgebäude errichtet. 1910-1912 wurde die damals als 31er, später 331er geführte Linie auf elektrischen Betrieb zunächst bis zur Lokomotivfabrik, dann bis Stammersdorf umgestellt.

8. Im Zusammenhang mit der Errichtung der Großgemeinde Floridsdorf mußte auch die administrative Einteilung Niederösterreichs abgeändert werden. Die Verlegung der Bezirkshauptmannschaft Großenzersdorf nach Floridsdorf und die Schaffung eines Gerichtssprengels bedingten den Bau eines Amtshauses. Dieses entstand 1895/96 im Bereich der alten Spitzer Schottergruben. Die Karte aus der Zeit um 1910 zeigt links die Seitenfront des Gebäudes in der heutigen Hermann-Bahr-Straße. Am Ende der Straße rechts ist eine Baulücke mit Bäumen sichtbar. Dort stand das 'Floridsdorfer Biograph-Theater', das erste Kino des Bezirks. Der barackenähnliche Bau mit 600 Sitzen wurde 1909 von der Theaterpolizei wegen Feuergefährdung geschlossen.

9. Auf Initiative des Turnvereins entstand in Floridsdorf 1872 eine freiwillige Feuerwehr. Sie konnte nicht nur im Ortsbereich erfolgreich wirken, sondern unterstützte auch mehrfach die Wiener Feuerwehr, so beim Ringtheaterbrand 1881 und beim Brand des Stadttheaters 1884. 1905 erhielt sie in der Kretzgasse (heute Weisselgasse) ein neues Gebäude (rechts im Bild), das bis heute als Hauptfeuerwache dient. Die evangelische Glaubensgemeinschaft von Floridsdorf konstituierte sich 1896 als Filialgemeinde der Wiener Stadtpfarre A. B. Einige Jahre später wurde ein Kirchenbauverein gegründet, der schließlich 1906 die Errichtung einer eigenen Kirche (links im Bild) zuwege bringen konnte.

10. Als die alte Schule in der Schloßhofer Straße trotz mehrfacher Erweiterung nicht mehr ausreichend Platz bot, errichtete die Gemeinde 1890/91 in der Schöpfleuthnergasse eine neue Doppelvolksschule. Rechts im Bild, vom Schulbau überragt, ist die mit diesem verbundene Turnhalle zu sehen. 1888 beschloß die Gemeinde Floridsdorf aus Anlaß des 40jährigen Regierungsjubiläums von Kaiser Franz-Joseph die Errichtung eines Kindergartens. Dieser fand schließlich 1903 in einem Neubau neben der Schule (links im Bild) seine dauernde Heimstätte.

11. Im Jahr 1837 fuhr der erste Eisenbahnzug von Floridsdorf nach Deutsch-Wagram. Finanziert hatte das Projekt das Bankhaus Rothschild, das zwei Jahre zuvor das Privileg für den Bau einer Eisenbahn nach Brünn und in das Kohlegebiet von Ostrau erworben hatte. Mit dem Ausbau der 'Kaiser-Ferdinands-Nordbahn' entwickelte sich ein reger Personen- und Güterverkehr. 1873 wurde anläßlich der Donauregulierung mit der Erweiterung der Bahnhofsanlagen in Floridsdorf begonnen. Auch die Hauptwerkstätten wurden hierher verlegt. 1883 wurde das alte hölzerne Bahnhofsgebäude durch einen etwas nach Norden gerückten repräsentativeren Steinbau ersetzt. Der Ausbau der Eisenbahnen lieferte den Anstoß für die Entstehung einer Schwerindustrie, die die Entwicklung des Bezirks entscheidend prägte.

12. Im Jahr 1857 ließ sich die englische Firma Clayton & Shuttleworth in Wien nieder und begann hier mit dem Bau landwirtschaftlicher Maschinen. 1905 bezog das Unternehmen, das zuvor in eine Aktiengesellschaft umgewandelt worden war, eine neue großflächige Anlage an der Nordbahn. Das Bild stammt aus der Zeit kurz vor 1911, als sich Clayton & Shuttleworth mit der ebenfalls stark expandierenden Firma Hofherr & Schrantz zusammenschloß.

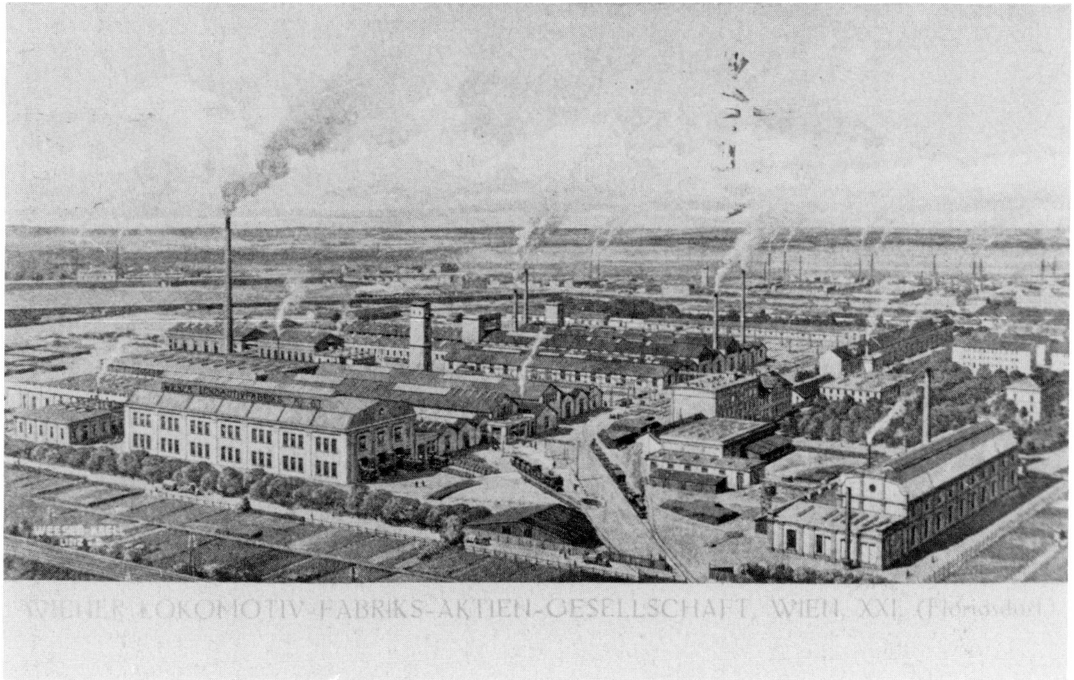

13. Im Jahr 1869 wurde im Gefolge des Eisenbahnbaubooms die 'Wiener Locomotiv-Fabriks-AG.' begründet, 1871 wurde die Produktion in der Fabrik an der Nordwestbahn aufgenommen. Für diese wurde noch im selben Jahr als erstes Stück eine Lastzuglokomotive ausgeliefert. 1896 entstand hier als 1000. die erste Lokomotive für die Wiener Stadtbahn. In der Bildmitte liegen, überragt von einem 25m hohen Wasserturm, die beiden ältesten Werkshallen für die Kesselwerkstätte und Schmiede sowie die Montage- und Appretur-Werkstätten. Auf einem Teil der Werksfläche entstanden Angestellten- und Arbeiterwohnungen, Kantine und Konsumanstalt sowie Gartenanlagen (rechts im Bild), um in dieser noch wenig besiedelten Gegend die hochqualifizierte Stammbelegschaft halten zu können.

14. Am Beginn des Jahrhunderts bestanden in der Großgemeinde Floridsdorf an die zehn Gesangsvereine. Älteste dieser Vereinigungen ist die 1865 gegründete ‘Harmonie’, die bis heute besteht. Die Mitgliedschaft war teilweise örtlich gebunden oder an einzelne Betriebe, wie die Bahngesellschaften. Mit der Verbreitung der Arbeiterbewegung entstanden etliche Arbeitergesangsvereine. Der ‘Arbeiter-Sängerbund Donaufeld’ stand überhaupt am Beginn des vereinsmäßigen Zusammenschlusses der Arbeiter im Gebiet von Floridsdorf. Im Bild der 1881/82 gegründete Arbeitergesangsverein ‘Liederkranz’ der Locomotivfabrik Floridsdorf.

15. Auf Initiative von Giovanni Agnelli entstand 1907 die 'Österreichische Fiat-Werke AG'. Zwischen Fiat-Turin und dem österreichischen Unternehmen wurde ein Lizenzvertrag zur Kraftwagenproduktion auf zwanzig Jahre abgeschlossen. Die Firma errichtete in der Brünner Straße ein Werk, wo vor allem aus Turin bezogene Einzelteile montiert wurden, um so die hohen Einfuhrzölle auf Automobile zu umgehen. Durch den guten Ruf der Marke und die ausgezeichnete Qualität nahm das Unternehmen beachtlichen Aufschwung. Nach einer Unterbrechung der Kooperation im Ersten Weltkrieg wurde die Firma 1921 in die 'Österreichische Automobilfabrik AG' umgewandelt, die unter anderem den in großen Stückzahlen verbreiteten Lastwagen AFN baute.

16. Im Jahre 1909 erwarb die Sozialdemokratische Partei aus Spenden ein Wohnhaus in der Angerer Straße, um es als Arbeiterheim einzurichten. Das Floridsdorfer Arbeiterheim entwickelte sich rasch zu einem bedeutenden Bildungs-, Kultur- und Organisationszentrum des Bezirks. Das Bild zeigt die Bedeutung der Postkarte als Kommunikationsmittel, das zur Verbreitung von Nachrichten über aktuelle Ereignisse genutzt werden kann. Am 12. Februar 1934 besetzte der Republikanische Schutzbund das Arbeiterheim und verteidigte es gegen die Polizei. Als das Bundesheer die Beschießung begann, wurde das Haus zwei Tage später geräumt und ging im Zuge der Kampfhandlungen in Flammen auf.

17. Im Zuge des ersten Wiener kommunalen Wohnbauprogrammes entstand in den Jahren 1924-1926 auf den Gründen des ehemaligen Gaswerks in der Brünner Straße eine Wohnhausanlage nach Plänen von Hans Glaser und Karl Scheffel. Der Entwurf wurde wesentlich von der Vorgabe bestimmt, hier einen neuen Detailmarkt als Ersatz für den Floridsdorfer Markt am Spitz zu errichten. Benannt ist die Anlage nach Anton Schlinger (1870-1912), der sich in der sozialdemokratischen Bewegung stark engagierte und 1903 Floridsdorfer Gemeinderat wurde. Er behielt diese Funktion bei, als die Sozialdemokraten nach der Vereinigung 1905 erstmals in den Wiener Gemeinderat einziehen konnten.

18. In verschiedenen Abschnitten entstand 1929-1932 auf einem Teil des ehemaligen Sportplatzes des ‘Floridsdorfer Athletiker-Clubs’ eine Wohnanlage nach Plänen von Hans Glaser, Karl Scheffel, Ernst Lichtblau und Leopold Bauer. Im Bild der von Lichtblau gestaltete Bauteil mit seinen charakteristischen verglasten Arkaden. Im Februar 1934 lag hier wie in den anderen Floridsdorfer Wohnanlagen ein wichtiges Widerstandszentrum. Nach der Erstürmung des Arbeiterheims und des Schlinger-Hofs gingen Polizei und Militär auch gegen den FAC-Bau vor. Als dieser nicht sofort eingenommen werden konnte, nahm das Bundesheer das Gebäude mit Minenwerfern unter Beschuß.

19. Der 1926-1933 gebaute Karl-Seitz-Hof zählt zu den interessantesten Wohnbauprojekten der ausgehenden zwanziger Jahre. Hubert Gessner konstruierte hier den Idealtyp des 'Volkswohnpalastes', in dem das Selbstbewußtsein des 'Roten Wien' seinen monumentalen Ausdruck fand. Das Zentrum der Anlage bildet ein halbkreisförmiger Platz, der nach dem Willen des Architekten mit einem Denkmal ausgestattet werden sollte. Geringe Flächenverbauung mit geschickt gestalteten Innenhöfen brachte dem Bau den Namen 'Gartenstadt' ein. So leitet die Anlage über zum Typus des 'aufgelockerten Superblocks' der dreißiger Jahre. 1951 wurde sie nach Karl Seitz benannt, in dessen Amtszeit als Wiener Bürgermeister, 1923-1934, die großen kommunalen Wohnbau-, Wohlfahrts- und Gesundheitsprogramme realisiert wurden.

20. Ursprünglich lag die Ortschaft Jedlesee an einem breiten Donauarm, der Schwarzen Lacke. Der hier gelegenen Übergangsmöglichkeit verdankt sie ihre Entstehung, zugleich war der Arm mit seiner gefährlichen Strömung bei Hochwasser eine ständige Bedrohung. Schon lange standen am äußersten Punkt des Dorfes mehrere Kapellen unmittelbar am Wasser. Im 18. Jahrhundert wurde eine davon, die Maria-Loretto-Kapelle, zur Kirche ausgestaltet. Die Donauregulierung schnitt die Schwarze Lacke im vorigen Jahrhundert vom Hauptstrom ab. Die letzten Reste verschwanden in den fünfziger Jahren unter dem Bombenschutt. 1909 wurde ein Obelisk zur Erinnerung an das Gefecht in der Schwarzlackenau errichtet. 100 Jahre zuvor war hier ein französisches Bataillon, das im Zuge des Vordringens auf das linke Donauufer einen Brückenkopf errichten wollte, von kaiserlichen Truppen zurückgeschlagen worden, wobei sich der irische Major Johann O'Brien besonders auszeichnete.

21. Blick aus dem Oberstock des eben (1906) erbauten Hauses Nr. 7 über die Anton-Bosch-Gasse. August Kindl, der in seinem Geschäft eine Kaffeerösterei betrieb und auch etliche Ansichtskarten von Jedlesee herausbrachte, nutzte offensichtlich den neugewonnenen Blickpunkt, um seinen Betrieb richtig ins Bild zu setzen. Links ist der Bereich des ehemaligen herrschaftlichen Meierhofes zu sehen. 1839 wurde ein Gebäude des Hofes in eine Schule umgewandelt. Um genügend Platz für die steigenden Kinderzahlen zu schaffen, kaufte die Gemeinde schließlich den ganzen Komplex und errichtete 1893 einen Neubau (ganz links im Bild).

22. Zu den alten Straßenzügen von Jedlesee gehört die Wenhartgasse, früher Kirchengasse genannt, die am Beginn des 19. Jahrhunderts als letzte Erweiterung des alten Dorfes entstand. Das Bild aus der Zeit vor 1910 zeigt rechts das Eckhaus zur Christian-Bucher-Gasse mit dem Lebensmittelgeschäft Dragon. Das dritte Haus links (heute Nr. 5) gehörte dem Bildhauer Adolf Weinguni, von dem das Kriegerdenkmal an der Pfarrkirche stammt. Sein Sohn betrieb hier in der Zwischenkriegszeit eine Musikschule. Ganz hinten im Bild liegt die Volksschule.

23. Der Ausbau der Reichsstraßen als 'Umfahrungsstraßen' im 18. Jahrhundert beeinflußte wesentlich das Wachstum der Ortschaften in ihrem Bereich. Um den Anschluß an diese Lebensadern nicht zu verlieren, waren sie zu einer Ausdehnung zu den Straßenzügen hin gezwungen. Für Jedlesee bildete die Anton-Bosch-Gasse eine derartige Entwicklungsachse, an der entlang der Ort zur Prager Straße hinwuchs. Ausgerichtet ist dieser Teil der Gasse auf das Wohnhaus der Jedleseer Brauerei, dessen Torgiebel hinten im Bild zu sehen ist. Im Bild links einer der wenigen mehrstöckigen Bauten in diesem Bereich. Bis 1894 diente er als Gemeindeamt.

24. Im Jahre 1787 gründete Anton Freiherr von Störck in Jedlesee eine Brauerei. Als Anton Bosch diese im Jahr 1815 erwarb, war sie die kleinste in Niederösterreich. Durch die Produktion zweier neuer, in Wien bis dahin unbekannter Biersorten nahm das Geschäft einen derartigen Aufschwung, daß die Nachfrage nie befriedigt werden konnte. 1866 übernahm Anton Dengler die Brauerei und baute sie zu einem modernen Industriebetrieb aus. Rechts im Bild: die kurz vor 1900, dem Todesjahr Anton Denglers, an der Prager Straße errichtete Brauhausrestauration 'Zum Gambrinus', die heute als letzter Rest des Betriebes noch erhalten ist. Auf dem Dach stand bis um 1960 eine Statue des Schutzherrn der Brauer, Gambrinus. Dahinter sind die Schornsteine des Brauhauses zu sehen.

25. In 1898/99 entstand in der Jubiläumsstraße (heute Deublergasse) nach Plänen der Brüder Drexler, die auch das Floridsdorfer Rathaus gebaut hatten, ein Neubau für die Knabenbürgerschule. Die Übersiedlung in das Gebäude, das die alte Schule an der Schloßhofer Straße ablöste, wurde unter der Direktion von Hans Smital vollzogen, der sich als Pionier der Floridsdorfer Heimatforschung einen Namen gemacht hat. Nur wenige Jahre fand man mit diesem Bau das Auslangen. 1912 war wieder ein Neubau notwendig, der in der Schillgasse errichtet wurde.

26. Im Jahre 1871 erwarb die einige Jahre zuvor begründete und 1870 als Aktiengesellschaft konstituierte 'k.k. Österreichische Nordwestbahn' den Stockerauer Flügel der Nordbahn, dessen Ausgangspunkt Jedlesee bildete. Eine neuerrichtete Trasse übersetzte den Donaustrom und das Überschwemmungsgebiet und schuf den Anschluß nach Wien. Der Bahnhof Jedlesee lag als erste Station nördlich der Donau. Seit 1924 nur noch für den Frachtverkehr verwendet, erhielt die Strecke im und nach dem Zweiten Weltkrieg nocheinmal größere Bedeutung, bis sie mit dem Bau der Schnellbahn 1960 aufgelassen wurde. Heute liegen in ihrem ehemaligen Verlauf die Nordbrücke und die anschließende Schnellstraße.

27. Im Jahre 1876 errichtete Johann Koller in der Überfuhrstraße am Rand der Au das Gasthaus 'Zur Fischerhütte'. Bis in die zwanziger Jahre war es ein gern besuchtes Ausflugsziel. Hier hat sich eine Gruppe aus einem der Radfahrklubs – allein im 21. Bezirk gab es um 1910 acht Vereine – zu einem Sonntagsausflug eingefunden. Vorn im Bild eine der vielen Wiener Volkstypen, ein 'Gottscheer' mit seinem Strohkorb. Gegen einen bescheidenen Einsatz auf 'Grad oder Ungrad' oder auch 'Drei unter Hundert' konnte man bei ihm sein Glück versuchen. Als Preis winkte eine Holzschachtel mit Zuckerl. 1979 brannte die 'Fischerhütte' ab, heute verläuft hier die Autobahn.

28. Bis heute zeigen die ebenerdigen Häuser an der Amtsstraße den dörflichen Charakter von Jedlersdorf; links im Bild die alte Volksschule. Als Klein-Maria-Taferl wurde Jedlersdorf im 18. Jahrhundert zu einem gut besuchten Wallfahrtsort, als sich die Legende verbreitete, daß die Gemeinde durch ein wundertätiges Bild der Mutter Gottes von einem Brand errettet worden war. In josephinischer Zeit erhielt die vergrößerte und mit einem Turm versehene Kirche das Pfarrecht. Hier wirkte 1811-1815 Joachim Haspinger, der Kampfgefährte Andreas Hofers, nachdem er aus dem Kapuzinerorden ausgeschlossen worden war, als Pfarrprovisor.

29. Gerne bedienten sich die Gastwirte der Postkarte, um für ihren Betrieb zu werben. Im Zeitalter der Telekommunikation ist es kaum mehr üblich, daß Sonntagsausflügler und andere 'fröhlichen Partien' vom Wirtshaustisch aus Grüße an Freunde und Bekannte versenden. Mit der gezeigten Karte gratulierte der Arbeitersängerbund Jedlersdorf im Jahr 1911 aus seinem Stammlokal in der Baumergasse einem Sangesbruder zum Namenstag.

30. Angesichts der heutigen Zustände auf der Brünner Straße ist es kaum vorstellbar, daß es um 1910 einer Fotomontage bedurfte, um hier ein reges Verkehrsgeschehen aufleben zu lassen. Rechts im Bild die 1902 errichtete Volksschule.

31. In den Jahren 1873 und 1874 entstanden für das Personal der Nordwestbahn nördlich der Werkstätten eigene Wohnhäuser und ein Restaurant. Arbeiterfamilien erhielten hier Zimmer-Küche-Wohnungen, alleinstehende Männer mußten sich mit einem Kabinett begnügen. Etwas besser waren die Angestelltenhäuser ausgestattet, die auch Wohnungen mit zwei bis drei Zimmern boten.

32. Zu den ersten im Rahmen des großen Wohnhausprogrammes vollendeten Bauten zählt der Franz-Bretschneider-Hof in der Mitterhofergasse. Er wurde 1924 im Anschluß an eine bestehende Wohnanlage nach Plänen der Architekten Gustav Schläfrig und Hermann Reiser begonnen und 1925 vollendet.

33. Ein Blick in die 'Obere Hauptstraße' (Langenzersdorfer Straße) um 1900 zeigt das alte bäuerliche Strebersdorf. Vorn rechts das Haus (heute Nr. 8) mit dem Geschäft des Anton Böck, der von 1880 bis 1903 dem Ort als Bürgermeister vorstand. In seiner Amtszeit nahm Strebersdorf durch die Ansiedlung der Schulbrüder und das Entstehen von Industriebetrieben großen Aufschwung. In dem etwas höheren Haus an der linken Straßenseite hinten (heute Nr. 17) lag nach dem Ersten Weltkrieg das 'Friedenskino'.

34. Die Ansiedlung der Schulbrüder in Strebersdorf im Jahr 1886 bewirkte eine wesentliche Veränderung der Struktur des Ortes, die sich auch im baulichen Erscheinungsbild niederschlug, wie diese Karte aus der Zeit vor dem Ersten Weltkrieg dokumentiert. Im Vordergrund liegt die 1890 begründete Gärtnerei Marx, die sich allmählich zu einem Großbetrieb entwickelte. 1921 mit einer weiteren Gartenbaufirma zur 'Vereinigten Gärtnerei Strebersdorf G.m.b.H.' zusammengeschlossen, zählte der Betrieb zu den größten Gärtnereien Österreichs.

35. Im Jahre 1886 kaufte die Kongregation der Schulbrüder das Strebersdorfer Herrschaftsgut, das seit 1841 dem Stift Klosterneuburg gehört hatte. Der Herrschaftssitz wurde zu einem Bildungshaus umgestaltet und für die Zwecke des rasch zunehmenden Schulbetriebs immer wieder ausgebaut. Ein Jahr später errichtete der Orden auch eine eigene neugotische Kirche, an die auch die Pfarrechte von der alten Dorfkirche übertragen wurden. Die Postkarte aus dem Jahr 1906 zeigt einen Zögling in Schuluniform mit Fahne und wirbt besonders für die kurz zuvor neu eingerichtete Handelsschule.

36. Die Elektrifizierung des Straßenbahnnetzes nach der Eingemeindung von Floridsdorf brachte auch die Errichtung neuer Linien mit sich. Seit 1912 führte die Linie 32 vom Spitz bis Jedlesee. 1923 wurde sie als 132er bis Strebersdorf verlängert. Im Bild aus den zwanziger Jahren der Wagen Nr. 2417 der Type K an der Endstelle in der Rußbergstraße.

37. Im Jahre 1909 entstand in der k.u.k. Armee eine eigene Verkehrstruppenbrigade. Um der neuen Technik Rechnung zu tragen, wurden innerhalb dieser neben einem Eisenbahn- und Telegraphenregiment auch die 'Militäraeronautische Anstalt' und ein Automobilkader formiert. Im Ersten Weltkrieg wurden die Hauptwerkstätten dieser Truppe in Strebersdorf eingerichtet, wovon heute noch der Name der Autokaderstraße zeugt.

38. Die vor allem durch ihre Heurigen bekannte Ortschaft Stammersdorf umfaßt das größte Weinbaugebiet auf Wiener Boden. Die Juxkarte aus dem Jahr 1905 zeigt vorn die Stammersdorfer Straße mit der Kapelle in der Mitte des Angers. Die Kirche und das langgestreckte Gebäude des Pfarrhofs darunter mußten retuschiert werden, um richtig ins Bild zu kommen.

39. Schon 1902 war die Mehrheit des Stammersdorfer Gemeinderats dafür eingetreten, einen Zusammenschluß mit Wien anzustreben. Obwohl dieser Beschluß gemeinsam mit Strebersdorf weiterverfolgt wurde, wurde der Ort erst mit der Gebietserweiterung von 1938 in den 21. Bezirk einbezogen. Zehn Jahre zuvor war er Marktgemeinde geworden. Im Bild das Gemeindeamt und die Statuengruppe auf dem ehemaligen Anger in der Zeit um 1908.

40. Diese Karte zeigt die Situation am heutigen Freiheitsplatz vor der Jahrhundertwende. Der Gasthof 'Zum schwarzen Adler', eines der beiden alten Stammersdorfer Gemeindewirtshäuser, bildete nicht nur bei Fasching und Kirtag ein Zentrum des Geschehens. 1912 wurde im Saal des Hauses auch ein Kino eröffnet, das spätere 'Stammersdorfer Tonkino', das bis zum Ende der sechziger Jahre bestand.

41. Das obere Ortsende vor der Jahrhundertwende. An der Wegkreuzung, wo fünf Straßen zusammentreffen, stand bis in die fünfziger Jahre eine im 18. Jahrhundert gestiftete Kapelle, die später die längste Zeit als Wohnhaus genutzt wurde. Der Postbote Leopold Haas überquert soeben mit seinem Fahrrad die Brücke über den Graben am Ortsausgang, um nach Strebersdorf zu fahren.

42. Das Gebiet von Stammersdorf und der Bisamberg waren in Kriegszeiten immer strategisch wichtige Punkte. Vom Dreißigjährigen Krieg über die Belagerung Wiens 1683 zu den Napoleonischen Kriegen und dem Krieg von 1866 reicht die Reihe kriegerischer Ereignisse, bei denen hier Truppen aufmarschierten. Im Bild der Stammersdorfer Landsturm im Ersten Weltkrieg.

43. Im Jahr 1784 verfügte Kaiser Joseph II. der Errichtung neuer Poststationen an der Reichsstraße nach Brünn. Der erste Erbpostmeister von Stammersdorf, Franz Xaver von Puchberg, ließ noch im selben Jahr ein Posthaus errichten. 1805 traf Erzherzog Karl in einem schon vor der Poststation hier errichteten Jagdhaus mit Napoleon zusammen. Der Name 'Rendezvous' steht aber nicht in Zusammenhang mit diesem Ereignis, sondern haftete schon vorher an dem Jagdhaus. Die Karte zeigt das Haus unmittelbar nach seiner Ausgestaltung zu einem schloßartigen Bau im Jahr 1908, nachdem es seine alte Funktion an einen Neubau im Ort verloren hatte und vom Erbpostmeister Heinrich Cless verkauft worden war.

44. Schon seit dem Mittelalter bestand der Magdalenenhof am Bisamberg als herrschaftlicher Gutshof. Am Beginn der Neuzeit gehörte er dem Wiener Schottenstift. Nachdem er im vorigen Jahrhundert durch verschiedene Hände gegangen war, erwarb der Sozialpolitiker Karl Johann von Vogelsang den Hof und pflegte hier besonders die Schafzucht. 1866 machte im Magdalenenhof das Oberkommando der österreichischen Armee Station. Das Gasthaus im Magdalenenhof bot nicht nur kaiserlichen Jagdgästen immer wieder Unterkunft, sondern bildete auch ein beliebtes Ausflugsziel.

45. Die Entwicklung der Ortschaften im Bereich des heutigen 21. Bezirks wurde wesentlich durch den Verlauf der Hauptverkehrswege bestimmt. Während sich das an der Straße nach Schloßhof und im Bereich der Nordbahn gelegene Donaufeld mehr zum industriellen, städtischen Gebiet wandelte, blieb das alte Leopoldau abseits von Straße und Bahn in seiner Entwicklung stehen und hat sich bis heute im Kern seinen bäuerlich-dörflichen Charakter erhalten. Die Leopoldauer Bauern widersetzten sich von allen betroffenen Gemeinden am meisten der Eingemeindung nach Wien. Bürgermeister Lueger mußte mehrmals persönlich zu Besprechungen anreisen, um sie von den Vorteilen zu überzeugen.

46. Diese Karte aus der Zeit der Jahrhundertwende zeigt Motive aus dem 'Oberort'. Leopoldau besaß vermutlich schon zur Zeit Markgraf Leopolds III. eine Kapelle. Der heutige Bau reicht in die Gotik zurück und wurde 1696 zu seiner jetzigen Erscheinungsform umgestaltet (links unten). Das Gemeindehaus gegenüber der Kirche (links oben) ließ der Ortsrichter Zeinlinger 1842 an Stelle des Armenhauses errichten. Der Pfarrhof (Vordergrund oben rechts) ging aus einem Gutshof des Stiftes Klosterneuburg hervor und diente in der Barockzeit den Pröpsten des Stiftes als Sommersitz.

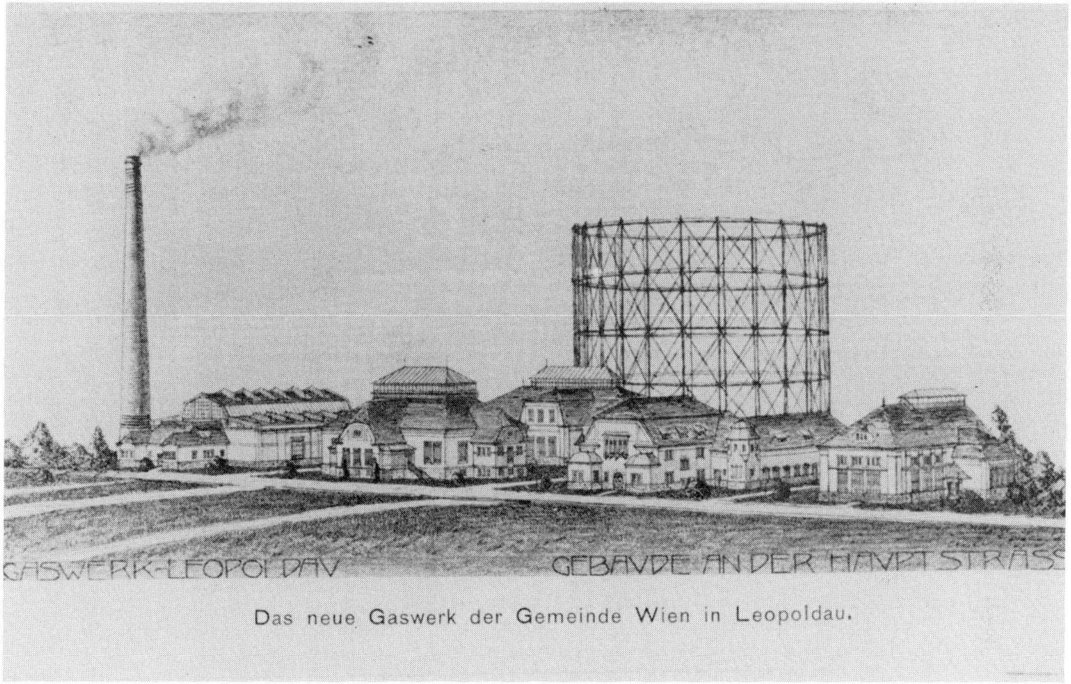

47. Die Gasversorgung Wiens wurde im Jahr 1896 kommunalisiert, doch wurden die äußeren Gemeindebezirke weiterhin durch zwei private Gesellschaften beliefert, deren Verträge erst im Jahr 1911 abliefen. Im selben Jahr ging nach zweieinhalbjähriger Bauzeit das städtische Gaswerk Leopoldau in Betrieb. Es wurde vielfach beispielgebend. Einer der überzeugendsten Gründe für die Gemeinde Leopoldau, sich Wien anzuschließen, war das Versprechen gewesen, das Gaswerk in ihrem Gebiet zu errichten. Durch Grundverkäufe waren gute Gewinne zu erzielen, die allerdings in der Inflation der Nachkriegsjahre wieder zerrannen.

48. Mit der Anlage in Leopoldau wurde 1932 als Teil eines Arbeitsbeschaffungsprogrammes die erste der sogenannten Nebenerwerbssiedlungen durch die Wiener GESIBA errichtet. Die Stadtverwaltung wählte unter den Langzeitarbeitslosen geeignete Bewerber, vor allem Facharbeiter, aus, die sämtliche Bauarbeiten in Eigenregie durchzuführen hatten. So entstanden auf relativ großen Parzellen, die für Gartenbau und Kleintierhaltung genutzt werden konnten, 425 Häuser.

49. Der Hoßplatz (bis 1949 Bismarckplatz) bildete einst das Zentrum von Donaufeld. Hier lag das Gemeindehaus der von 1880 bis 1894 selbständigen Gemeinde, ebenso die alte Schule, auch der Bau der Donaufelder Kirche sollte ursprünglich in diesem Bereich entstehen. 1911 gründete Franz Poppenwimmer hier ein Kino, das bis vor wenigen Jahren bestand. Im Bild aus der Zeit kurz nach der Jahrhundertwende ist noch ein Teil der ursprünglich ebenerdigen Verbauung zu sehen, der Fischhof dagegen (links) ist ein eben errichteter Neubau.

50. Die Entstehung neuer Ortschaften im Bereich des heutigen 21. Bezirks und deren Entwicklung wurden wesentlich durch den Verlauf der Hauptverkehrswege in diesem Bereich bestimmt. So entstand an der Straße die über Schloßhof nach Preßburg führte, die Gemeinde Donaufeld, die sich durch die Nähe zum Industriebereich an der Nordbahn städtisch entwickelte. Ortschaften abseits, wie das benachbarte Leopoldau, blieben dagegen in ihrer Entwicklung stehen. Hier ein Blick in die Donaufelder Straße um 1900.

51. Die Leopoldauer Straße um 1920. Das Gasthaus auf Nr. 2, der älteste Bau in diesem Bereich, gehörte im vorigen Jahrhundert dem Donaufelder Bürgermeister Franz Plankenbichler. Vor dem Ersten Weltkrieg stand es im Besitz der Mautner-Markhofschen Brauerei, während die Konkurrenz, die Brauerei Jedlesee, den Gasthof auf Nr. 6 besaß. Im Eckhaus zur Angerer Straße (links im Bild) lag in den zwanziger Jahren der Treffpunkt der 'High Society' von Floridsdorf, das Konzert-Café Frank.

52. Dort, wo bis zur Regulierung der Mühlschüttelarm der Donau geflossen war, wurde am Beginn des Jahrhunderts die ursprünglich als Ersatz für die kleine Jakobskirche gedachte Donaufelder Pfarrkirche zum heiligen Leopold errichtet. Der Entwurf stammte von Franz Ritter von Neumann, der für den Bau Formen der Gotik, Renaissance und Moderne vorsah. Ausgeführt wurde er in den Jahren 1904-1913 durch Hofbaumeister Josef Schmalzhofer. Mit dem etwas über 90m hohen Turm entstand ein weithin sichtbares Wahrzeichen des 21. Bezirks. Die Lage des Bauplatzes im Flußbett ist auf dem Bild noch deutlich zu erkennen.

53. Die stark steigenden Bevölkerungszahlen in der Industriezone erhöhten auch den Bedarf an Schulraum. Während sich die Gemeinde Floridsdorf vergeblich um eine Mädchen-Bürgerschule bemühte, wurde in der Nachbargemeinde Donaufeld 1892 mit der Stephanieschule eine solche eingerichtet. Die nach der Witwe Kronprinz Rudolfs benannte Schule wurde an einem damals neu eröffneten Straßenzug, der Stephaniestraße (heute Mengergasse), erbaut. Zuvor hatte die aufstrebende Gemeinde schon an der Donaufelder Straße und am Kinzerplatz große Schulbauten erhalten. Im Zuge der Eingemeindung wurden von der Stadt Wien 1905 insgesamt 12 Schulbauten mit 22 Volks- und Bürgerschulen und 184 Klassen im 21. Bezirk übernommen.

22. Bezirk Donaustadt

Mit einer Fläche von 102,66 km^2 (zum Vergleich: Floridsdorf 45 km^2) und einer Einwohnerzahl von 99 801 (1981) ist Donaustadt der eindeutig größte Bezirk Wiens. Den Nordosten der Stadt abdeckend, umfaßt er sieben gewachsene Dörfer und eine Ansiedlung, wobei die ehemaligen Dorfkerne trotz neuem Wohn- und Kommunalbau noch deutlich hervortreten: An der Grenze zu Niederösterreich liegen die früheren Marchfelddörfer Süßenbrunn, Breitenlee und Eßling, näher zum Stadtkern Aspern, Stadlau, Hirschstetten und Kagran sowie die Siedlung Kaisermühlen, die, vor der Donauregulierung 1870-1875 am rechten Donauufer gelegen, bis 1938 zum 2. Bezirk Leopoldstadt gehörte. Jede dieser Ansiedlungen kann auf eine lange und wechselvolle Geschichte zurückblicken, die sich – wie Funde beweisen – teilweise bis in die Jungsteinzeit zurückverfolgen läßt und die geprägt war vom stetigen Kampf der Menschen mit den Naturgewalten, vor allem mit der immer wieder über die Ufer tretenden Donau. Zu den Naturkatastrophen kam – wiewohl in der Waage gehalten durch Zeiten friedlicher und positiver Entwicklung – das von Menschen verursachte Unheil hinzu. Besonders betroffen waren die Bewohner dieser Donau-Marchfeldregion durch die Einfälle der Türken (1529, 1683), durch die Kriege mit den Franzosen (1809) und Preußen (1866) und durch die Zerstörungen des Zweiten Weltkrieges.
Als sich im Jahre 1904 Wien mit der Gründung des 21. Bezirks auf das linke Donauufer auszudehnen begann, gehörten diesem 'Transdanubien' auch Teile der heutigen Donaustadt an, nämlich Kagran, Hirschstetten, Stadlau und Aspern. 1938 schufen dann die nationalsozialistischen Machthaber den 22. Wiener Gemeindebezirk Groß-Enzersdorf, der neben Kagran, Stadlau, Hirschstetten und Aspern noch Kaisermühlen, Breitenlee, Eßling, Süßenbrunn und 13 niederösterreichische Gemeinden umfaßte. Der 22. Bezirk in seiner heutigen Form ist verhältnismäßig jung und geht auf einen Beschluß des Wiener Landtages von 1946 zurück, der 1954 zur Durchführung gelangte.
Die alten Ansichtskarten ab 1898 bis in die dreißiger Jahre, also aus einer Zeit, als es Donaustadt noch nicht gab, sind hier in Form eines Rundganges durch den Bezirk angeordnet.
Kagran, das nunmehrige Zentrum von Donaustadt, hatte ursprünglich die Form eines Angerdorfes – heute der Ortsteil Kagraner Platz –, dessen Pfarrkirche etwas außerhalb des Angers auf einer kleinen Erhebung stand. Die erste urkundliche Nennung des Ortes 'Chagaran' fällt in das Jahr 1199. Aus seiner Geschichte sind der Brand des Jahres 1630, die Türkennot 1683, die Pest 1713 und die durch einen Eisstoß auf der Donau bewirkte Überschwemmung des Jahres 1830 hervorzuheben. Als Kagran nach der Eröffnung der Kronprinz-Rudolf-Brücke (1876) – der späteren Reichsbrücke –, und dem Bau der Wiener Reichsstraße (Wagramer Straße) direkten Kontakt mit Wien bekam, begann seine rasche Entfaltung, die sich auch im Ansteigen der Bevölkerungszahl (von 554 im Jahre 1869 auf 6 677 im Jahre 1910) widerspiegelte. Ab der Zwischenkriegszeit wurde seine weitere Strukturierung maßgeblich durch die Wohnbautätigkeit der Gemeinde Wien bestimmt.
Auch Süßenbrunn, das in den alten Quellen ab 1200 unter den Bezeichnungen Prunn, Siessenprunn oder ähnlich aufscheint – in der Bedeutung süßer = guter Brunnen –, wurde als Angerdorf angelegt. Die Form, ursprünglich ein Dreieck, änderte sich aber durch die Errichtung des gutshofartigen Wasserschlosses im Jahre 1713 und verwandelte sich in ein Rechteck. Bereits hundert Jahre vorher wird ein Edelmannssitz Süßenbrunn erwähnt, der Zentrum einer Marchfeldherrschaft war, zu der neben Süßenbrunn noch Gerasdorf, Deutsch-Wagram und Aderklaa gehörten. Acker- und Gartenbau sind auch heute noch wichtige Erwerbsquellen der Süßenbrunner.
Breitenlee, 1160 als 'Praitenlev' erstmals genannt, wurde im Türkenjahr 1529 vollkommen zerstört und blieb danach mehr als eineinhalb Jahrhunderte öde liegen. Die Neugründung erfolgte 1694 durch das Wiener Schottenstift, dessen Gutsherrschaft in Breitenlee erst 1848 endete. Rund um dieses nach wie vor ländliche Altbreitenlee sind sechs Wohngebiete entstanden: Neubreitenlee, südlich des Dorfes, ab 1912 errichtet; die Bahnhofsiedlung, die im Zuge des Baues des Verschiebebahn-

hofes 1915/16 nördlich des Dorfgebietes gegründet wurde; die Stadtrandsiedlung an der Straße nach Kagran, 1934/35 erbaut; die Paxsiedlung nordöstlich sowie Neueßling östlich des Dorfes, entstanden 1935/36; und schließlich die ab 1971 gebaute Wohnhausanlage Ziegelhofstraße zwischen Breitenlee und Hirschstetten.
Das Straßendorf Eßling war ursprünglich Herrschaftsbesitz der Familie Eslarn, deren Mitglieder im 13. und 14. Jahrhundert mehrere Bürgermeister und Stadtrichter von Wien stellten. Der Ort dürfte sich um den Gutshof entwickelt haben. Um 1900 hatte er 81 Häuser, heute sind es über 2 000, wobei die intensive, aber planlose Siedlungstätigkeit schon unmittelbar nach dem Ersten Weltkrieg einsetzte.
Von allen Dörfern des 22. Bezirks hat Aspern sicher den höchsten Bekanntheitsgrad, denn welcher Österreicher kennt diesen Ort, den zufällig das Los traf, Schauplatz einer weltpolitischen Auseinandersetzung zu werden, nicht schon aus dem Schulunterricht. Die Schlacht von Aspern 1809 brachte aber dem Ort selbst nur Verwüstungen. Das Platzangerdorf 'unter den Espen' (Zitterpappeln), wie man den Namen zu deuten versucht, nahm in der zweiten Hälfte des 19. Jahrhunderts durch die Verbesserung der Verkehrssituation einen raschen Aufschwung, der dann durch die Errichtung des Flugplatzes 1910/11 noch verstärkt wurde.
Hirschstetten, wie Eßling ein typisches Straßendorf, dem heute nur der 1971 abgetragene, so charakteristische Glockenturm fehlt, tritt uns in den Urkunden erstmals im 13. Jahrhundert entgegen. Den Mittelpunkt der Ansiedlung bildete das im Zweiten Weltkrieg zerstörte Schloß. Aus der Familie des letzten Schloßherren gingen zwei hervorragende Persönlichkeiten hervor: Clemens von Pirquet (1874-1929), der bedeutende Kinderarzt, und Guido von Pirquet (1880-1966), ein österreichischer Pionier der Weltraumfahrt. Von besonderer Bedeutung für die Entwicklung Hirschstettens aber auch Stadlaus war die 1870 in Betrieb genommene Ostbahn. Die Fabriksanlagen in Neuhirschstetten, das sich bis an den Ortskern von Stadlau heranschob, und jene westlich des Stadlauer Bahnhofes, insbesondere in der Fabrik-, später Industriestraße, zeugen davon.
Stadlau, 1150 als 'Stadelouve' (Stadel in der Au) erstmals urkundlich angeführt, war schon in der Babenbergerzeit durch das 'Urfahrrecht' (Überfuhrrecht über die Donau), ein bedeutender Marchfeldort. Doch Zerstörungen durch Ungarn und Böhmen 1235, vor allem aber Überschwemmungen, die eine Verlegung des Ortskerns in den Bereich der heutigen Schickgasse notwendig machten, ließen nur eine bescheidene Entfaltung des Ortes zu. 1830 wie Kagran durch den Eisstoß noch einmal stark in Mitleidenschaft gezogen, begann der Aufschwung Stadlaus erst im Zuge der vorher erwähnten Industrialisierung.
Anders als bei den bisher genannten Teilen des 22. Bezirks, die bis in unser Jahrhundert hinein agrarisch geprägt waren, verlief die Entwicklung Kaisermühlens. Auf altem Augrund am stadtseitigen Ufer der Donau gelegen, war es als Ansiedlung von Schiffsmüllern, Flößern, Schiffern und Fischern entstanden, die erst spät, 1674, in einer Urkunde Kaiser Leopolds I. als 'Hof- und Kaisermühlen im Kaiserwasser' erstmals Erwähnung findet. Die Donauregulierung veränderte die Lage Kaisermühlens vollkommen und brachte seinen Bewohnern wirtschaftlich zunächst nur Nachteile. Die Schiffsmühlen wanderten in die Freudenau ab und auch der Dampfschifflandungsplatz mußte verlegt werden. Doch die neue Verkehrsverbindung über die Donau wog die Nachteile bald wieder auf. Im engeren Siedlungsbereich siedelten sich – einhergehend mit verstärkter Bautätigkeit – Fabriken an, und der breitere Bereich der nunmehrigen 'Alten Donau' entwickelte sich, angeführt von Wiens größtem Strandbad, dem Gänsehäufel, zu einem wichtigen Erholungsgebiet. Heute steht in Kaisermühlen auch das Wahrzeichen der modernen Donaustadt: die UNO-City.
Der 22. Bezirk bietet uns somit ein sehr vielfältiges und abwechslungsreiches Bild: Städtische Elemente verbinden sich mit ländlich-bäuerlichen und im Kontrast zur Industrie treffen wir in den ausgedehnten Auwäldern der Lobau noch auf unberührte Natur.

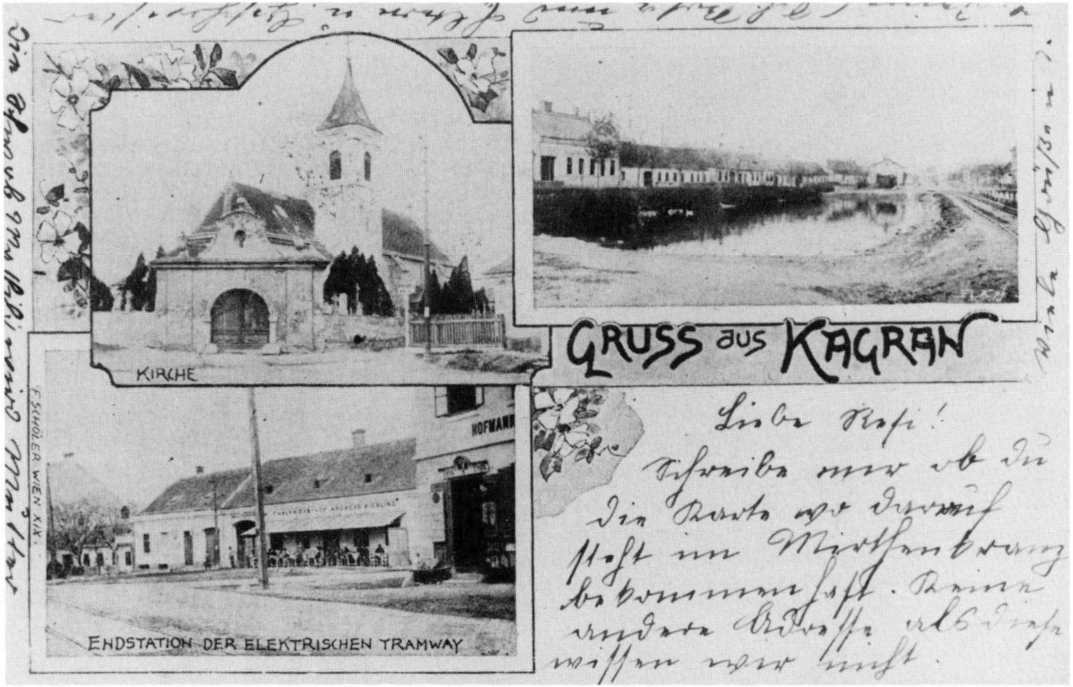

54. Das Marchfelddorf Kagran – die Angerform ist bis heute deutlich erkennbar – hatte, wie das rechte obere Bild zeigt, bis 1904 einen Gänseteich, an dessen Ende das Stationsgebäude der früheren Dampftramway Floridsdorf-Groß-Enzersdorf (1886-1922) zu sehen ist, das heute zusammen mit dem ehemaligen Spritzenhaus der Feuerwehr das 1983 eröffnete Bezirksmuseum Donaustadt beherbergt. Die Pfarrkirche St. Georg stand ursprünglich in Stadlau und wurde erst nach der Zerstörung durch die Überschwemmung des Jahres 1438 an ihrem heutigen Standort (Wagramer Straße 150/St. Wendelin-Platz) neu aufgebaut. Die einfache einschiffige Landkirche, 1630 durch einen Großbrand beschädigt und mehrmals umgebaut, ist auf dem Bild (1902) noch vom ummauerten Friedhof umgeben, der wenige Jahre später geschliffen wurde.

55. 'Büchls Spezerei- und Eisenhandlung an der Ecke neben der Kirche, wo die Straße von Wien die Dorfzeile kreuzt,' (Ecke Wiener Reichsstraße/Floridsdorfer Straße, heute Wagramer Straße/Donaufelder Straße) erwähnt Eduard Pötzl in seinen Schilderungen der Umgebung Wiens um die Jahrhundertwende, in der Zeit, in der diese Ansichtskarte entstand (1898), die man neben Lebensmitteln, Filzschuhen, bunten Tüchern, Petroleum, Sensen und Spaten auch in Büchls Laden kaufen konnte. 'Der Büchl', zeitweise als Ges.m.b.H. geführt, blieb eine Kagraner Institution bis in die fünfziger Jahre. Heute befindet sich in diesem Gebäude ein Bipa-Kaufhaus und anstelle des rückwärtigen Teils steht seit 1928 das Café Falk, ein dreistöckiger Bau. Das wuchtige Friedhofstor und das rechts daneben sichtbare Schusterhäusl Franz Gassingers fielen der Spitzhacke zum Opfer.

56. Ein Blick stadtauswärts Richtung Nordosten auf die Kreuzung Wagramer Straße (bis 1909 Wiener Reichsstraße/Leopoldauer Reichsstraße) und Donaufelder Straße (vormals Floridsdorfer Straße)/ Kagraner Platz. Die noch heute bestehende elektrische Straßenbahnlinie 25 verkehrte damals (1909) als Nachfolgerin der 1898 eröffneten und 1904 von der Stadt Wien anläßlich der Eingemeindung Kagrans übernommenen Ritschlbahn auf der Strecke Praterstern-Kagran. Die Endstation befand sich beim links sichtbaren, heute nicht mehr bestehenden Gasthaus Kiesling. Das einstöckige Haus vis à vis mit der Gemischtwarenhandlung Hofmann mußte vor zwei Jahren einem ebenerdigen Gebäude, das nun ein 'Teppichland' beherbergt, weichen. An der Stelle des alten Pfarrhauses im Vordergrund rechts steht seit 1969 das neue Pfarrzentrum St. Georg.

57. Der ehemalige Freihof – seine heutige Gestalt dürfte das Gebäude am Anfang des 18. Jahrhunderts erhalten haben – läßt sich bis zu einer Schenkungsurkunde des Hartmann von Lichtenstein und Nickolsburg aus dem Jahre 1580 zurückverfolgen. Nach mehrmaligem Besitzerwechsel wurde der Hof 1773 vom Stift Klosterneuburg erworben und 1800 zur Versteigerung gebracht. Die Gemeinde Kagran ersteigerte ihn und errichtete darin das Gemeindegasthaus, das unter diesem Namen auch noch in der Zwischenkriegszeit (Bild) geführt wurde. Heute befindet sich in dem denkmalgeschützten Bau mit seinem schloßartigen Charakter das im Privatbesitz befindliche, rund 200 Gäste fassende Restaurant 'Napoleon', benannt nach dem großen Korsen, der 1809 in seinen Mauern geweilt haben soll.

58. Im Jahre 1907 wurde am Scheunenweg, der neben dem Freihof in den Kagraner Anger mündete, unter der Konskriptionsnr. 397, heute Kraygasse 92, das St.-Annen-Kinderheim errichtet. Von Prälat Johann Baptist Menda gegründet, wurde diese Institution als Kindergarten und Arbeitsschule (später Hort) von der Kongregation der Töchter der göttlichen Liebe, die seit 1882 in Wien wirkte, geführt, und zwar bis in die unmittelbare Gegenwart. Mit dem Ende des Schuljahres 1989/90 wurde schließlich der nur mehr im verminderten Umfang aufrecht erhaltene Kindergarten- und Hortbetrieb eingestellt. Der größere Teil des Hauses diente schon vorher Wohnzwecken.

59. Die Freihofsiedlung mit der Steigenteschgasse als Ostwest- und der Kraygasse als Nordsüdachse gilt als besonderes Beispiel gartenstadtmäßiger Verbauung. Ursprünglich als Kleinhaussiedlung mit 99 Wohnhäusern für Gemeindebedienstete nach Plänen Karl Schartelmüllers errichtet (Baubeginn 1923), wurde sie ab 1924 mehrfach erweitert. Auf der Basis eines Kompromisses der Gemeinde mit den Genossenschaften 'Mein Heim', 'Am Freihof' und 'Aus eigener Kraft', die als Bauträger agierten, entstanden auf dem 51 ha großen Areal schließlich 1 014 Wohnungen in 687 Einzelobjekten. Bei aller Einfachheit vermittelt die infrastrukturell gut ausgestattete Siedlung durch gelungene architektonische Lösungen – Baublöcke mit geschlossener Randverbauung, gekrümmte Linienführung einzelner Straßen, charakteristische Durchfahrtbögen (Bild, 1934), Erker und Arkaden – einen unverwechselbaren Gesamteindruck.

60. Die Erzherzog-Carl-Kaserne, oder Karlkaserne (Maurichgasse 18-20), wie sie heute heißt, benannt nach dem Sieger von Aspern, wurde 1910/11 auf ehemaligen Freihofgründen gebaut. Als erste Einheit zog das ungarische IR 67 Frh. v. Kray – die Kraygasse erinnert daran – ein, 1916 folgte das IR 84 Frh. v. Bolfras, der Traditionstruppenkörper des Landwehrstammregiments 22, das derzeit hier Milizverbände ausbildet. Nach dem Ersten Weltkrieg fand das Gebäude zunächst als Unterkunft für Obdachlose und von 1923 bis 1934 als Wohnblock Verwendung. Ab 1935 wieder Kaserne, beherbergte es das Fliegerregiment Nr. 1. 1938 übernahm die Deutsche Wehrmacht die Kaserne, die dann 1945-1955 von der sowjetischen Besatzungsmacht genutzt wurde. Im Zuge der Ungarnkrise diente das Gebäude als Flüchtlingslager, bevor es 1963 wieder seinem ursprünglichen Verwendungszweck zugeführt wurde.

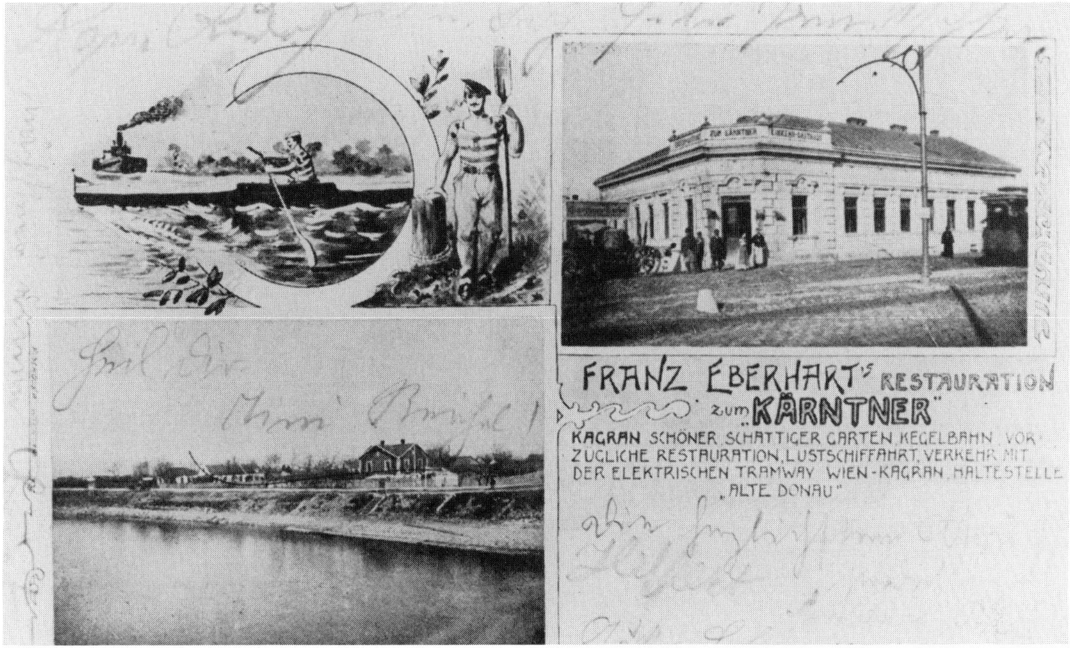

61. Daß Kagran bis an die alte Donau reicht, ruft uns diese Gasthaus-Werbekarte aus dem Jahre 1900 ins Gedächtnis. Die 1897 stadteinwärts gesehen rechts vor der damals noch hölzernen Kagranerbrücke erbaute Restauration 'Zum Kärntner' (Wiener Reichsstraße 256, heute Wagramer Straße 51) war eines jener Gasthäuser, die die Wiener Wochenendausflügler mit der elektrischen Tramway gerne aufsuchten. Die angepriesene Lustschiffahrt mit Ruder- und Paddelbooten wurde allerdings nicht – wie uns das linke obere Bild nicht gerade werbewirksam weismachen will – durch qualmende Dampfschiffe gestört. Die Kärntner Note dürfte das Gasthaus bald verloren haben, da es nach 'Lehmanns Allgemeinem Wohnungsanzeiger' spätestens 1907 in den Besitz der Wiener Gastwirtin Marie Gold überging, deren Nachkommen (Partik) heute das Ende des Zweiten Weltkriegs beschädigte und daraufhin umgebaute Restaurant als 'Strandhotel Alte Donau' führen.

62. Zwischen Asperner und Stadlauer Straße entstand um die Jahrhundertwende ein Komplex einstöckiger Häuser reicherer Stadlauer und Kagraner Bürger, der die Bezeichnung Neukagran erhielt. Das Bild – um 1910 – zeigt den Teil der Siedlung entlang der Erzherzog-Karl-Straße, der 1909 umbenannten Asperner Straße, mit Blick Richtung Wagramer Straße. Das rechts sichtbare Gebäude (Nr. 63), 1895 erbaut, wurde 1905 von der Familie Leuchtag erworben und von dieser auch noch in der Zwischenkriegszeit als Café geführt. Nach dem Krieg mußte es der erweiterten Kreuzung Erzherzog-Karl-Straße/Donaustadtstraße weichen. Etwas zurückversetzt steht heute dort ein ebenerdiges Lebensmittelgeschäft. Die gegenüberliegende Häuserzeile (Nr. 68-56) hat ihr Gesicht nur geringfügig verändert. Das erste Haus links ist nun zweistöckig und beherbergt einen Brotladen.

63. Der 1873 gegründete Wiener Trabrenn-Verein kaufte 1894 in Kagran an der Leopoldauer Reichsstraße (dann Wagramer Straße, 172) ein Areal für ein Gestüt an, das jenen Freunden des Trabrennsports, die nicht über eigene Ländereien verfügten, also vor allem den städtischen Interessenten, die Möglichkeit bot, sich der Zucht zuzuwenden und an Zuchtrennen teilzunehmen. Das Gestüt – links das Verwaltungsgebäude und rechts der Wasserturm mit dem Wohnhaus (um 1911) – spielte in der Zeit vor dem Ersten Weltkrieg eine bedeutende Rolle in der österreichischen Zucht. Zeitweise wurden jährlich an die 100 Stuten gedeckt und ebenso viele Pferde standen in den Stallungen. Von 1921 bis 1933 war die Zuchtanstalt an private Trainer verpachtet. Heute befindet sich auf diesem 1963 der Gemeinde Wien verkauften Gelände die 1977 fertiggestellte Siedlung Trabrenngründe mit nahezu 2 500 Wohnungen.

64. Nordöstlich von Kagran, über die Wagramer Straße erreichbar, liegt das Marchfelddorf Süßenbrunn. Der ländliche Ortskern, wie er noch auf dieser 1901 verwendeten Ansichtskarte aufscheint, gewann seine Atmosphäre durch den Dorfteich und das 1837 errichtete Kirchlein (Blick stadtauswärts Richtung Aderklaa von der Hauptstraße, jetzt Süßenbrunner Hauptstraße, auf den Kirchenplatz, heute Süßenbrunner Platz). In der Gegenwart hat sich das Ortsbild völlig verändert. Dort wo das alte Kirchlein stand – bis 1969 Filialkirche von Gerasdorf – steht nun die neue, 1980 eingeweihte Pfarrkirche zur Heiligen Dreifaltigkeit, und der Teich wurde zugeschüttet. An seiner Stelle wurde ein Park angelegt, der nun die stark frequentierte Durchzugsstraße von der links im Hintergrund sichtbaren ebenderdigen Häuserzeile mit den vorgelagerten Gärtchen trennt.

65. Das Schloß mit seinem markanten viereckigen Turm – stadtauswärts links von der Süßenbrunner Hauptstraße gelegen – stammt in seiner heutigen Anlage aus der ersten Hälfte des 19. Jahrhunderts. Es wurde anstelle des 1713 gebauten gutshofartigen Wasserschlosses errichtet. Aber schon 1320 ist von einem 'vesten Haus' im Ort die Rede, wohl dem Vorläufer des späteren Edelmannsitzes 'Siessenbrunn', dessen Aussehen wir durch einen Stich von Matthäus Vischer aus dem Jahre 1670 kennen. Nach oftmaligem Besitzerwechsel wurde das Schloß mit dem dazugehörigen 200 ha großen Gut 1926 durch die Theresianische Akademie erworben, in deren Besitz es auch heute noch ist. Bei der Einnahme des Ortes durch die Rote Armee wurden Schloß und Gut schwer in Mitleidenschaft gezogen, doch schon 1948 konnte wieder mit der geordneten Bewirtschaftung begonnen werden.

66. Etwas südöstlich von Süßenbrunn und von Kagran über die Breitenleer Straße erreichbar, liegt der Ende des 17. Jahrhunderts vom Schottenstift in Wien neu angelegte Ort Breitenlee. Auf der Potpourrikarte um 1900 sind die damals wichtigsten und bis heute kaum veränderten Gebäude abgebildet: die im ländlich barocken Stil 1697-1699 errichtete Pfarrkirche mit der charakteristischen zweitürmigen Fassade; der 'Weiss-Wirt', das ehemalige Gemeindewirtshaus, gegenwärtig als 'Lindenhof' immer noch die wichtigste Gastwirtschaft des Ortes (Ecke Breitenleer Straße/Hausfeldstraße); weiters das 1889 neu errichtete Schulgebäude, bis heute Volksschule (Breitenleer Straße 263); sowie das Bürgermeisteramt, das 'Bachheinerhaus', das nun, ebenso wie die vis à vis von der Kirche gelegene Handlung Böck, privaten Wohnzwecken dient.

67. Der außerordentlich klare Plan des Dorfes Breitenlee – mit seiner regelmäßigen Anlage um eine Westost- (Breitenleer Straße) und eine Nordsüdachse (Oleandergasse/Hausfeldstraße) typisch für die Barockzeit – ist auch auf dieser Flugaufnahme aus dem Jahre 1934 noch gut ersichtlich. Das Bild zeigt links von der nach Osten ins Marchfeld führenden Breitenleer Straße die Kirche mit dem vorgelagerten, hier durch Bäume verdeckten Gutshof (vollendet 1698), dem Ausgangspunkt der Siedlung, mit ihren markanten Haken- und Zwerchhöfen, die rechts von der Längsachse – die Querachse verläuft hinter der Kirche – deutlich erkennbar sind.

68. Eßling, im äußersten Osten des Bezirkes gelegen, hat bis heute den Charakter eines Straßendorfes behalten. Das obere Bild der 1909 verwendeten Ansichtskarte zeigt die Hauptstraße (jetzt Eßlinger Hauptstraße) mit dem Blick Richtung Westen (Aspern). Links im Vordergrund das 1960 wegen Baufälligkeit abgetragene 'Theresientor', das spätbarocke Portal zum 'Langen Garten' des Schlosses Eßling, und im Hintergrund die alte, 1938 durch einen Neubau ersetzte Kirche. Rechts vorne ist noch das ursprüngliche Geburtshaus des Bildhauers Georg Raphael Donner zu sehen. Die unteren Bilder stellen zwei ehemals zum Schloß gehörende Gebäude dar: das Jägerhaus, noch in der Zwischenkriegszeit Forsthaus und heute Wohnhaus (Gutenheimstraße 13), sowie den Schüttkasten (Simonsgasse), einen dreistöckigen Getreidespeicher, der derzeit renoviert wird und in dem sich 1809 während der Schlacht von Aspern Napoleon verschanzt hatte.

69. Die Fotokarte aus dem Jahr 1933 zeigt die Eßlinger Hauptstraße mit Blick Richtung Osten auf das nicht mehr bestehende Zeughaus der Freiwilligen Feuerwehr und den dahinter liegenden, 1934 größtenteils zugeschütteten Dorfteich. Das helle Gebäude links neben dem Theresientor Nr. 88 – die beiden Häuser rechts davon wurden abgerissen und durch einstöckige Gebäude ersetzt – war das erste, 1811/12 erbaute Schulhaus in Eßling, heute ein Bastlerladen. 1898 übersiedelte die Schule ins neue und später mehrmals erweiterte Gebäude in derselben Straße (Nr. 97), dessen Konturen hinter den Bäumen zu sehen sind. Die Straßenbahnlinie 317 bzw. 217, die Nachfolgerin der Dampftramway Floridsdorf-Groß-Enzersdorf (1886-1922), verkehrte bis Ende August 1970 und wurde dann durch Autobusse abgelöst.

70. Schloß und Herrschaft Eßling lassen sich urkundlich bis ins 13. Jahrhundert zurückverfolgen. Seine heutige Gestalt – zwei zweigeschossige Teile, die mit einem Mittelteil (Bild, 1932) verbunden sind – erhielt das an der Hauptstraße gegenüber der Kirche gelegene Schloß im 17. Jahrhundert; ein Stich von Fischer 1672 zeigt das Schloß als Neubau. 1760 kam es in den Besitz der Habsburger und dann übernahm es die Republik Österreich, die es 1987 an einen Privaten verkaufte. Einer Initiative Eßlinger Bürger ist es zu verdanken, daß es zu einer Renovierung und Revitalisierung des bereits arg heruntergekommenen Gebäudekomplexes kam, in dem jetzt Geschäfte und Dienstleistungsbetriebe eine Heimstätte gefunden haben.

71. Die typische 'Gruß aus'-Karte der Firma Schwidernoch (1898) zeigt uns Aspern an der Donau, wie der Ort vor der Eingemeindung 1904 hieß, in vier Bildern. Der zentrale Kirchenplatz, seit 1909 Asperner Heldenplatz, wird beherrscht von der Pfarrkirche St. Martin, die ursprünglich im Osten des Ortes stand, aber wegen Hochwasser und Eisstoßgefahr 1670 abgetragen und an ihrem heutigen Platz neu errichtet wurde. An der Ostseite vor der Kirche liegt der berühmte 'Löwe von Aspern', eine Sandsteinfigur von Anton Fernkorn (1858), die an die Schlacht von Aspern 1809 erinnern soll. An sie denkt man auch im Zusammenhang mit dem Jägerhaus, das zu Beginn der Schlacht als französisches Hauptquartier fungierte. 1860 als k.k.Jagdhaus (Lobaugasse 31) neu gebaut, steht es heute unter Denkmalschutz. Das rechte obere Bild gibt von Osten gesehen die Hauptstraße (jetzt Siegesplatz) mit der Dampftramway wieder.

72. Am 21. und 22. Mai 1809, zu Pfingsten, stellten sich die österreichischen Truppen unter Erzherzog Karl der durch die Lobau vorgedrungenen französischen Armee unter Napoleon entgegen. In wechselvollen Kämpfen wurde der Ort mit der befestigten Kirche als Mittelpunkt sechsmal von den Franzosen erstürmt und ebensooft von den Österreichern zurückerobert. Dem eher moralischen als militärischen Erfolg der Kaiserlichen folgte freilich wenige Wochen später die entscheidende Niederlage bei Wagram. Die Reproduktion des Gemäldes gibt die erste Erstürmung Asperns durch das k.u.k. Infanterieregiment Ritter von Ziegler Nr. 60 wieder, das damit die welthistorische Schlacht eröffnete. Der Ort wurde fürchterlich zerstört und die Kirche brannte bis auf die Grundmauern nieder. Sie wurde 1814 durch das Stift Melk, das seit 1754 die Patronatsrechte über die Pfarre Aspern hatte, wiederhergestellt.

73. An der Gabelung Hauptstraße (Richtung Eßling)-Donaustraße (ab 1909 Zachgasse, benannt nach dem in Aspern 1809 eingesetzten galizischen Regiment A. Frh. v. Zach) wurde am 30. Mai 1909 das von R. Hillebrand geschaffene Denkmal, hier auf einer ein Jahr später herausgegebenen Karte, enthüllt. Der Obelisk trägt eine Bronzeplakette des I. Österreichischen Artilleristenbundes in Wien, die den in der Schlacht von Aspern 1809 gefallenen Artilleristen und den Gefallenen des Ersten Weltkrieges gewidmet ist.

74. Nochmals die Hauptstraße (1908), diesmal mit Blick von der Kirche in Richtung Eßling. In der Mitte links das ehemalige umgebaute Amtshaus der Gemeinde Aspern, das nach der Eingemeindung von der Gemeinde Wien erworben wurde (1905) und auch noch in der Zwischenkriegszeit unter verschiedenen Pächtern (M. Feitsinger, A. Reznizek) als 'Gemeindegasthaus' geführt wurde. Heute befindet sich darin die Städtische Bücherei (Siegesplatz 7). Das ebenerdige Gebäude rechts neben dem Gemeindegasthaus war die Dampftramwaystation.

75. Vom Gasthaus Kiesling in Aspern (Lobaugasse 17) – es gab Wirtshäuser gleichen Namens auch in Kagran und Kaisermühlen – existiert eine Vielzahl von Ansichtskarten; die vorliegende stammt aus der Zeit vor 1914. Es muß also ein beliebter und daher stark frequentierter Treffpunkt der Asperner und der Lobau-Ausflügler auch noch in der Zwischenkriegszeit gewesen sein. Das Gasthaus hatte ein Napoleonzimmer, in dem sehenswerte Funde vom Schlachtfeld aufbewahrt wurden. 1907 erbaut, ging das Haus ein Jahr später in den Besitz von Karl und Marie Kiesling über. Heute dient das kaum veränderte Gebäude – selbst die Attika mit dem wenngleich verblaßten Schriftzug ist noch vorhanden – Wohnzwecken, ist aber nach wie vor im Besitz eines Mitglieds der Familie Kiesling.

76. In den Jahren 1910/11 wurde östlich des Ortes ein Flugplatz angelegt, auf dem in den drei folgenden Jahren große internationale Flugmeetings abgehalten wurden. Im Ersten Weltkrieg diente er militärischen Zwecken und war 1918 Ausgangspunkt der Flugpostlinie Wien-Lemberg-Kiew. Der großzügige Ausbau für den internationalen Flugverkehr erfolgte dann in den dreißiger Jahren. Am 12. Juli 1931 beehrte das Luftschiff LZ 127 'Graf Zeppelin' Aspern mit seinem Besuch (Bild). Nach dem Zweiten Weltkrieg wurde Aspern als internationaler Flughafen von Schwechat abgelöst, blieb aber von 1955 bis zu seiner Schließung 1977 Sportflugplatz von Wien. Auf dem Areal, auf dem lange Jahre auch Autorennen abgehalten wurden, entstand schließlich 1982 das Motoren- und Getriebewerk 'General Motors Austria'.

77. Das typische Straßendorf Hirschstetten, mit Aspern durch die Aspern-, früher Hirschstettner Straße, verbunden, ist hier auf einer Karte aus den zwanziger Jahren zu sehen: Ortsdurchfahrt Richtung Osten. Links das sogenannte Bartenstein'sche Portal, der Eingang zum Schloß, benannt nach Graf Barth von Bartenstein, der das Schloß 1811 erworben und renoviert hatte. In der Mitte des Bildes der markante, 1837 zunächst aus Holz errichtete Glockenturm, dessen kleine Glocken die Gläubigen zum Gottesdienst in der Schloßkapelle einluden. Dahinter das 1847 erbaute Pfarrhaus für die 'Schloßkaplane'. Nach dem Zweiten Weltkrieg diente es bis 1970 als Wachstube der Polizei. Beide Gebäude wurden 1971 aus verkehrstechnischen Gründen abgetragen. Rechts ist die Greißlerei Josef Radl zu sehen, die bis in die siebziger Jahre bestand.

78. Oben: das Schloß Hirschstetten könnte schon mit einem im 14. Jahrhundert erwähnten 'Hof zu Herstätten' im Zusammenhang stehen. Seine belegbare Geschichte beginnt aber 1693, als Graf von Hohenfeld ein 'adelig Wohnhaus' in 'Hirschstötten' erbauen läßt, das dann 1713-1724 von Fürst Adam zu Schwarzenberg unter der Leitung des Architekten A. E. Martinelli zu einem vornehmen Jagdschloß umgebaut wurde. Schmuckstück war ein Deckengemälde von Daniel Gran. Nach mehrmaligem Besitzerwechsel kaufte 1868 die adelige Familie Pirquet das Landgut. Im Zweiten Weltkrieg verursachten Bombentreffer die fast vollständige Zerstörung des Schlosses. Erhalten blieben neben der Gartenmauer mit einigen Vasen von Lorenzo Mattielli lediglich die Schloßkapelle und das Straßenportal. Das Areal kaufte 1953 der Orden der Claretiner und errichtete darauf die Pfarrkirche Maria Himmelfahrt, die 1961 von Kardinal Franz König eingeweiht wurde.

Unten: zum Gut der letzten Schloßherren von Hirschstetten gehörte auch die etwa 25 Joch umfassende Freiherr von Pirquet'sche Baumschule (hier auf einer Karte aus dem Jahre 1915), die 1884 hinter dem Schloß entlang der Feldgasse (nun Spargelfeldgasse) angelegt wurde und sowohl die nähere Umgebung als auch beispielsweise den Türkenschanzpark mit Bäumen und Sträuchern versorgte. Abgelöst wurde sie von der an der Süßenbrunner Straße eingerichteten 'Baumschule Schick', die noch heute besteht. In diese Tradition paßt auch durchaus der städtische Reservegarten, der vom Prater nach Hirschstetten übersiedelte, wo er in den Jahren 1952-1960 neu angelegt wurde.

79. Die sogenannte Kriegerheimstätte in Hirschstetten war eine der ersten Wiener Siedlungsanlagen, die von Genossenschaften nach dem Ersten Weltkrieg – mit Unterstützung der Gemeinde und der Quäker – errichtet wurde. Die Initiative für die Realisierung des Projekts, das in den Jahren 1921-1926 im Bereich zwischen Ostbahn und Quadenstraße ausgeführt wurde (im Bild die Murraygasse, 1934), ist Franz Spandl zuzuschreiben, nach dem auch eine Gasse benannt ist. Ursprünglich 193 Wohneinheiten umfassend, wurde die Siedlung, deren lange Reihenhauszeilen bewußt einfach gestaltet sind, 1948-1950 noch erweitert. Außerdem wurde damals und später im gesamten Komplex die Qualität der technischen Installationen dem geänderten Wohnungsstandard angeglichen.

80. Um die Jahrhundertwende verlegten viele Gastwirtschaften ihre eigenen Ansichtskarten und ließen so die Gäste für sich kostenlose Werbung betreiben. Dies gilt auch für den 'Goldenen Hirschen' (Hauptstraße 83), ein typisches Vorstadtbeisl im besten Sinne des Wortes, das auch heute noch unter diesem Namen betrieben wird, wenngleich seine zusätzlichen Funktionen als Dampftramwayhaltestelle und 'Zusammenkunft der Herren Radfahrer', die uns die Karte aus dem Jahre 1903 verrät, längst der Vergangenheit angehören. Ferdinand Ziffer und seine Nachkommen bewirtschafteten den Gasthof bis 1958. Ab diesem Zeitpunkt führt ihn, gepachtet vom neuen Besitzer, in zweiter Generation die Familie Siegl.

81. Die Gemeinde Hirschstetten hatte seit 1871 eine einklassige Volksschule, gleich neben dem Schloß. Sie war aber bald zu klein und daher errichtete man auf der 'Hutweide' beim Aupark ein neues Schulhaus (Stadlauer Straße 51), das 1885 seiner Bestimmung übergeben und später (1899, 1906, 1912) immer wieder durch Zubauten erweitert wurde (Bild, etwa 1912). Der Bau der Fabrikanlagen in Neuhirschstetten und Stadlau hatte einen raschen Bevölkerungszuwachs bewirkt. Von 1951 bis 1976 war in dem Gebäude eine Sonderschule untergebracht und nach der Renovierung zogen im Schuljahr 1976/77 eine Bundeshandelsakademie und eine Bundeshandelsschule, derzeit die Expositur der Polgarstraße Nr. 24, in die Klassenzimmer ein.

82. Als erste große Fabriken wurden in Neuhirschstetten in unmittelbarer Nähe der Ostbahn im Jahre 1900 die Asbest- & Gummiwerke Calmon und die hier abgebildete U.E.G. (Pirquetgasse Nr. 144, jetzt Otto-Neurath-Gasse 1-5), eine Tochtergesellschaft der Berliner A.E.G., errichtet. In der riesigen Produktionshalle, einem Backsteinbau, wurden anfänglich Maschinen und Transformatoren gebaut, 1907 kam der Apparatebau hinzu. Ab den zwanziger Jahren stand dann die Generatoren- und Motorenerzeugung für höchste Spannungen im Vordergrund, wobei eine Vielzahl von Anlagen ausgerüstet und elektrifiziert wurde: so z.B. die Sillwerke Innsbruck, die Metallwerke in Berndorf, die Waffenfabrik Steyr, die Böhlerwerke Kapfenberg oder die Lokalbahn Wien-Preßburg. Heute sind in den ehemaligen Union-Gebäuden und -Hallen mehrere Firmen untergebracht.

83. Im Jahre 1907 etablierte sich als einer der größten Betriebe Österreichs die 'Eisenconstructionswerkstätte und Brückenbauanstalt in Hirschstetten' Waagner-Biró-Kunz (ab 1924 Waagner-Biró A.G.) im Dreieck Stadlauer Straße-Ostbahn-Asperner Straße (Erzherzog-Karl-Straße). Bald wurden in der kleinen Hallenstadt um die 1 000 Arbeiter beschäftigt. Nach dem Ersten Weltkrieg nicht voll ausgelastet, ging es erst Mitte der dreißiger Jahre wieder aufwärts. Im Zweiten Weltkrieg erfolgte die Umstellung auf die Erzeugung von Rüstungsgütern. Ab 1945 zunächst für die russische Besatzungsmacht tätig, umfaßte das Produktionsprogramm Wärme- und Energietechnik, Stahlbau sowie Anlagen- und Maschinenbau. Durch internationale Lieferverträge erlebte das Unternehmen in den siebziger Jahren eine Hochkonjunktur. Vor kurzem wurden alle Werkshallen abgerissen. Auf dem Gelände soll ein Fachmarkt- und Freizeitzentrum entstehen.

84. Der Stadlauer Genochmarkt, so wird er genannt, obwohl er der Katastralgemeinde nach noch zu Hirschstetten gehört – den Namen erhielt er von Josef Genoch (1846-1907), einem mehrmaligen Bürgermeister von Stadlau –, besteht seit dem Jahre 1910. Anfangs fand der Verkauf im Freien statt, dann, dies zeigt auch die Karte aus den zwanziger Jahren, in Holzhütten, aus denen nach dem Zweiten Weltkrieg in massiver Bauweise hergestellte Verkaufskioske entstanden. Die etwa zwei Dutzend Standler und Standlerinnen, bei jeder Witterung und Jahreszeit tätig, hatten es früher nicht leicht. Ein Problem war immer die Beheizung, und das Wasser mußte von einem einzigen Hydranten mit Kübeln geholt werden. Für viele Stadlauer hat der Genochplatz als Einkaufsmarkt für Fleisch, Geflügel, Lebensmittel, Textilien und Blumen trotz der starken Konkurrenz der Supermärkte seine Anziehungskraft nicht verloren.

85. Der Verfasser der 1903 erschienenen Stadlauer Chronik bezeichnet das ein Jahr zuvor am Ende der Hauptstraße (später Stadlauer Straße 20) errichtete Amtshaus der damals noch selbständigen Gemeinde Stadlau als 'sehr hübsches Gebäude', das ein schlanker zierlicher Turm krönte. Mit moderner Gasbeleuchtung und Gasheizung ausgestattet, diente das Haus nach der Eingemeindung als Expositur des Magistratischen Bezirksamtes Floridsdorf und beherbergte außerdem im Erdgeschoß die Feuerwehr. Hier ist es auf einer Karte aus dem Jahre 1907 zu sehen. 1970 wurde es abgerissen. Vorher wurde von der Feuerwehr das Türmchen abgesägt, das nun – erst vor kurzem renoviert – vor dem Bezirksmuseum in Kagran steht.

86. Wie fast jeder Ort, der etwas auf sich hielt, so hatte auch Stadlau seine Herrengasse, heute Schickgasse, benannt nach dem Stadlauer Bürgermeister Ferdinand Schick. Hier befand sich der alte Ortskern mit den ebenerdigen Häusern der Stadlauer Freibauern, die 'zehn behausten Güter', deren Fassaden noch teilweise erhalten sind. Das auf der Ansichtskarte um 1900 links zu sehende sogenannte Glockenturmhäuschen war das 1795 von den Ortsbewohnern auf eigene Kosten erbaute alte Schulhaus (an der Ecke zur Hauptstraße). Es tat seine Dienste bis 1872, wurde dann 1886 Feuerwehrstation und fungierte 1889-1902 als Gendarmeriekaserne. 1904 wurde es abgerissen. Die Glocken aus dem Turm, die in Ermangelung einer eigenen Pfarrkirche den Mittag, den Abendsegen, die hohen Kirchenfeste und auch die Gefahren eingeläutet hatten, wanderten in das neue Amtshaus.

87. Als 1886 die Freiwillige Feuerwehr Stadlau ins Leben gerufen wurde, bestand die Ausrüstung aus 40 m Schläuchen, einem Wasserwagen und diversen Leitern. Also ein recht bescheidener 'Gerätepark', während die Anforderungen durch die rasche Industrialisierung des Ortes stetig zunahmen. Am 3. Juni 1900 aber – es war ein Pfingstsonntag – erhielten die Stadlauer Florianijünger eine Dampfspritze. Schon um 04.30 Uhr fünf morgens wurden die Dorfbewohner durch Böllerschüsse geweckt. Es wurde ein großes Fest. Schon vier Monate später bestand die Spritze bei der erfolgreichen Bekämpfung eines großen Ölbrandes im Werk 'Calmon' ihre erste Bewährungsprobe. Nach vierzigjähriger Tätigkeit – zuerst mit Standort im Glockenturmhäuschen, dann im Haus gegenüber, schließlich im Amtshaus und zuletzt Am Bahnhof Nr. 3 – wurde die FF 1926 auf- und durch die Stadlauer (Wiener) Berufsfeuerwehr abgelöst.

88. Im Jahre 1872 übersiedelte die einklassige Volksschule Stadlau aus dem Glockenturmhäuschen in das neue Gebäude 'auf dem Platze unter dem Dorf' (Schulgasse, Nr. 15, ab 1909 Konstanziagasse 26). Bereits 1876 war die Schule zweiklassig und da die Schülerzahl weiter stieg, wurde 1886 das Schulgebäude aufgestockt und 1898 ein zweites, zuerst ebenerdiges Gebäude, dazugebaut (Nr. 24), das 1906 ebenfalls aufgestockt wurde. Seit dieser Zeit (Bild) hat sich das Aussehen der beiden noch heute als Volksschule verwendeten Gebäude kaum verändert. Nach Bombentreffern im April 1945 erfolgte eine gründliche Renovierung und Modernisierung. Im Schuljahr 1935/36 war übrigens die Stadlauer Volksschule mit 18 Klassen, 646 Schülern und 20 Lehrpersonen die größte Volksschule Wiens. Dabei standen den Stadlauer Kindern auch noch die Klostervolksschule und die Volksschule Hirschstetten zur Verfügung.

89. Nahe der Auwälder der Lobau wurde 1889/90 auf den ehemaligen Schanzengründen das Kloster der Schwestern vom armen Kinde Jesu erbaut (Klostergasse, heute Hardeggasse 65). 1890 erfolgte auch die Einweihung der Kapelle und im gleichen Jahr erhielten die Schwestern die Erlaubnis eine Mädchen-Volksschule mit Pensionat zu eröffnen, die 1894 das Öffentlichkeitsrecht erhielt. Im Laufe der Jahre kamen ein Kindergarten (1899), eine Bürgerschule (1900) und eine Höhere Lehranstalt für wirtschaftliche Frauenberufe (1920) hinzu. Die Zahl der Schwestern war 1921 auf 77 angestiegen. Einen schweren Rückschlag brachte die NS-Zeit mit dem Entzug des Öffentlichkeitsrechtes der Klosterschulen, und 1945 wurde das beschädigte Kloster von sowjetischen Truppen besetzt, bevor 1946 der Unterricht wieder aufgenommen werden konnte. Weitergeführt werden derzeit der Kindergarten, die Volksschule und ein Halbinternat.

90. Nachdem 1438 die Kirche St. Georg in Stadelov durch eine Überschwemmung vernichtet worden war, blieben die Stadlauer sechs Jahrhunderte lang ohne eigene Pfarrkirche, sie gehörten zur Großpfarre Kagran. 1923 wurde südöstlich vom Bahnhof (Gemeindeaugasse 5) mit dem Bau der Herz-Jesu-Kirche begonnen, die dann am 13. Juli 1924 eingeweiht wurde, aber Filiale von St. Georg in Kagran blieb. Erst 1940 wurde Stadlau wieder eigene Pfarre. Der architektonisch schlichte Bau – hier auf einer Fotokarte aus den dreißiger Jahren – wurde im Krieg beschädigt und stellte sich bald auch als zu klein heraus. Mit der Vergrößerung 1971/72 erhielt die Kirche ihr heutiges Aussehen. Dabei wurde die Richtung des Kirchenschiffes von Nord-Süd auf Ost-West verändert und die Innenarchitektur neu gestaltet.

91. Zeitgerecht zur Eröffnung der Ostbahn am 24. November 1870 wurde auch der Bahnhof Stadlau fertiggestellt, damals ein sehenswertes ‘Etablissement’, das sogar über einen Warteraum 2. Klasse mit roten, samtbezogenen Sitzgelegenheiten verfügte. Im Parterre waren neben den Warteräumen noch die Kassen, Kanzleien und die Restauration untergebracht, während das Stockwerk für Amtswohnungen reserviert war. Der alte Stadlauer Bahnhof – hier auf einer 1910 gedruckten Karte – besteht noch in seiner ursprünglichen Form. Seine wichtige Position an der Gabelung der beiden Ostbahnlinien nach Laa an der Thaya und nach Marchegg fand durch die im Laufe der Jahre starke Ausdehnung des Bahnhofsgeländes auf über 50 Gleise und mehr als 100 Weichen besonderen Ausdruck.

92. Erst gut zwei Wochen vor der Eröffnung der Ostbahn wurde die 1868-1870 erbaute zweigleisige Stadlauer Eisenbahnbrücke über die Donau (Bild um 1903) der Belastungsprobe unterzogen. Als Überlast kamen 32 Lokomotiven zur Verwendung. Man hatte aber beim Bau der 858,5 m langen Brücke gespart, was sich bald rächte. Da die Tragwerke der Brücke zu schwach waren, kam es auf dem Streckenabschnitt Stadlau-Wien Ostbahnhof durch Beschränkungen und Vorspannverbote für die schwerer werdenden Lokomotiven zu immer größeren Schwierigkeiten. Der Neubau der Brücke erfolgte aber erst 1932/33. Im April 1945 wurde sie im Zuge der Kriegshandlungen von den Deutschen gesprengt, aber bereits 1945 wieder hergestellt, da ja die Ostbahn das für die Versorgung Wiens so wichtige östliche Marchfeld erschloß.

93. Der Bau der Ostbahn führte in Stadlau zur Entstehung eines Industriegebietes, das sich vom Bahnhof nach Westen in Richtung Alte Donau ausdehnte. Gegenüber den Bahngebäuden, nur durch die Schienen getrennt, wurde 1884 mit dem Bau des größten Unternehmens, der Malzfabrik Jacob Hauser & Moritz Sobotka, begonnen, die 1893 die Produktion von Kathreiners Malzkaffee aufnahm. Um auch die Nebenprodukte der Malzerzeugung zu verwerten, wurde 1903 die Firma Hoff (Malzextrakte, Schokolade) dazugekauft, sodaß sich die Fabrik, mit eigenem Bahn- und Telegraphenamt, über eine Fläche von 52 ha ausbreitete. 1909 erfolgte der Zukauf von 'Graf-Suppenwürfel-Erzeugung' und 1916 übernahm man eine 50 % Beteiligung an der Firma Dr. Wander, die Ovomaltine herstellte. Derzeit beträgt die Gesamtfläche des Areals der Stadlauer Malzfabrik AG, wie sie nun heißt, rund 100 000 m^2. Die Karte gibt ihr Aussehen um 1914 wieder.

94. Unter den Stadlauer Fabriken nahmen die Lederfabriken, von denen hier die Fabrik Hermann Spiegler in der Fabrikstraße 141, 146 (heute Industriestraße) abgebildet ist (1903, erbaut 1901), schon ihrer Zahl nach eine hervorragende Stelle ein. Diesen Eindruck bekam der Beobachter noch in den zwanziger Jahren bei Betrachtung des Straßenlebens in der Nähe des Bahnhofs. Fuhren mit fertigem Leder in Ballen auf dem Weg zum Bahnhof begegneten Lastautos und Pferdefuhrwerken, die mit Rohstoffen (Fichten-, Eichenrinde u.a. exotische Gerbstoffe) in die Straße der Lederfabriken, in die Industriestraße, unterwegs waren. Dort hatten neben Spiegler (später Carl Budischowsky & Söhne) noch die Ersten Stadlauer Lederwerke, die Fabrik Flesch, Gerlach und Moritz, die Lederwerke 'Adler', die Astarte Lederwerke und die Lederwerke Ch. Awart ihre Anlagen.

95. Den Kontrast zu Stadlaus Industriegebiet bildet die Lobau, eine zu jeder Jahreszeit einladende Aulandschaft, die sich entlang der Donau von Stadlau bis Groß-Enzersdorf erstreckt. Mit reicher Tier- und Pflanzenwelt, war sie zunächst Jagdgebiet des Kaiserhauses, bevor sie 1926 von der Gemeinde Wien der Bevölkerung als Ausflugsgebiet zugänglich gemacht wurde. Die Panozzalacke zwischen Biberhaufen und Lobgrund – ganz in der Nähe hatte Napoleon 1809 sein Hauptquartier aufgeschlagen – war in der Zwischenkriegszeit (Bild) ein beliebter Badeplatz. Benannt wurde das Wasser nach dem Erbauer des dortigen Hochwasserdammes.

96. Eine nicht wegzudenkende Institution für jeden Besucher der westlichen Lobau ist der 'Rote Hiasl', eines der traditionsreichsten Gasthäuser Wiens. Benannt wurde es nach seinem Erbauer, dem rothaarigen Mathes Turnowsky, der 1862 aus Galizien als Arbeiter in die Gegend des Biberhaufen kam. Von seinem Lohn kaufte er dort die alte Schiffsmühle mit der hölzernen Landhütte, die umgebaut nun schon seit mehr als hundert Jahren als Wirtshaus betrieben wird. Von der Zeit vor dem Ersten Weltkrieg (Bild) bis in die sechziger Jahre was es im Besitz der Familie Grill, verfiel dann aber zusehends und sperrte 1986 zu. Seit 1989 erstrahlt der 'Rote Hiasl' aber im neuen Glanz, und wieder kam die Initiative aus dem Osten. Eine Slowakin aus Piešt'any hat das baufällige Haus gekauft, renoviert und die historische Notwendigkeit wieder aufgesperrt.

97. Auf einem von der Donauregulierungskommission zur Verfügung gestellten Baugrund am Schüttauplatz erfolgte 1887 die Grundsteinlegung für eine dreischiffige Kirche im römisch-frühchristlichen Stil. Die Bewohner von Kaisermühlen waren ja seit der Stromregulierung 1870-1875 durch die Donau von ihrer Pfarre St. Johann Nepomuk in der Praterstraße getrennt. Die Fertigstellung des Baus zog sich wegen Geldmangels hin, und erst eine großzügige Spende des Kaisers, der auch an der Einweihung der Herz-Jesu-Basilika durch Kardinal Anton Gruscha am 28. April 1895 teilnahm, beschleunigte die Vollendung. Die Karte vor 1900 zeigt die Kirche noch ohne den 1903 angelegten Park und den hölzernen Campanile, den seit 1957 ein wenig gelungener gemauerter Turm ersetzt. Die Seelsorge übernahmen die Patres der Salvatorianer. Zur Errichtung der Pfarre Kaisermühlen kam es aber erst 1909.

98. Barbara Exenberger, die Schwiegertochter des einstigen Schiffsmüllers und Mitbegründers von Kaisermühlen, Stefan Exenberger, übernahm von der DDSG das ehemalige Objekt der Dampfschiffstation und gründete 1888 das erste Café der 'Kolonie' Kaisermühlen. Nach den vielen 'Wassergigerln' im Gebiet der Alten Donau nannte sie ihr Kaffeehaus 'Gigerl-Alm'. Es befand sich auf einer großen unter dem Straßenniveau gelegenen Wiese unterhalb des Schüttauplatzes und war ab 1899 durch einen Seitenflügel der Ritschelbahn mit der Wiener Reichsstraße/später Wagramer Straße verbunden. Die Ansicht aus der Zeit der Jahrhundertwende bietet einen Blick auf die Endstation der Ritschelbahn, auf das Café und das Kleine Gänsehäufel im Hintergrund.

99. Nordöstlich der Schüttaustraße, auf dem etwas tiefer gelegenen Terrain der ehemaligen Weissau, dort wo sich nach dem Ersten Weltkrieg die Holzbaracken für die Amerikanische Kinderausspeisung befanden, wurde in den Jahren 1928-1930 eine Wohnanlage der Gemeinde Wien mit 727 Wohnungen geschaffen: der Goethehof (Schüttaustraße 1-39). Die Februarereignisse des Jahres 1934 hinterließen, wie die auf dem Bild sichtbaren Einschußlöcher zeigen, auch hier deutliche Spuren. Der Goethehof war hart umkämpft und wurde stark beschädigt.

100. In den neunziger Jahren des vorigen Jahrhunderts hatten noch Rehe, Hasen und Wildgeflügel aber auch Gänse das im Volksmund nach ihnen benannte Häufel (= Insel) in der Alten Donau, das Gänsehäufel, bevölkert. Dies änderte sich schlagartig als im August 1900 der 'Naturphilosoph' Florian Berndl seine Robinsonhütte und sein 'Luft-, Sonnen-, Sand-, Lehm- und Kräuterbad' errichtete, das dann 1907 wegen 'Unzukömmlichkeiten' von der Gemeinde Wien übernommen und großzügig ausgebaut wurde. Schon 1909 (Bild) zählte es 300 000 Besucher und nach dem Ersten Weltkrieg wurde es noch erweitert. Die Zerstörungen des Zweiten Weltkrieges verlangten nach einer völlig neuen Anlage, die – nun die gesamte Insel einschließend, mit Platz für 33 000 Besucher täglich – am 21. Juni 1950 eröffnet wurde.

101. Die vom Strom gänzlich abgetrennte Alte Donau wurde, wie die Entwicklung des Gänsehäufels zeigt, um die Jahrhundertwende zum Erholungs- und Sportgebiet der Wiener. Zum Sport zählte die 'Lustschiff-fahrt', die auch vom Gasthaus 'Franz-Josefs-Land' angeboten wurde. Franz Magenschein hatte in Erinnerung an die von Payer und Weyprecht anläßlich der österreichischen Nordpolexpedition 1872-1874 entdeckten Inseln sein 1876 eröffnetes Etablissement so benannt und der Name ging bald auf das ganze Gebiet zwischen Wiener Reichsstraße und Kaiserwasser über. Die Gastwirtschaft, hier auf einer Schwidernoch-Karte um 1900, war, insbesondere nach der Errichtung eines zusätzlichen Vergnügungsparks mit Ringelspiel und Schießbuden, in den letzten zwei Jahrzehnten vor dem Ersten Weltkrieg eine echte Wiener Attraktion.

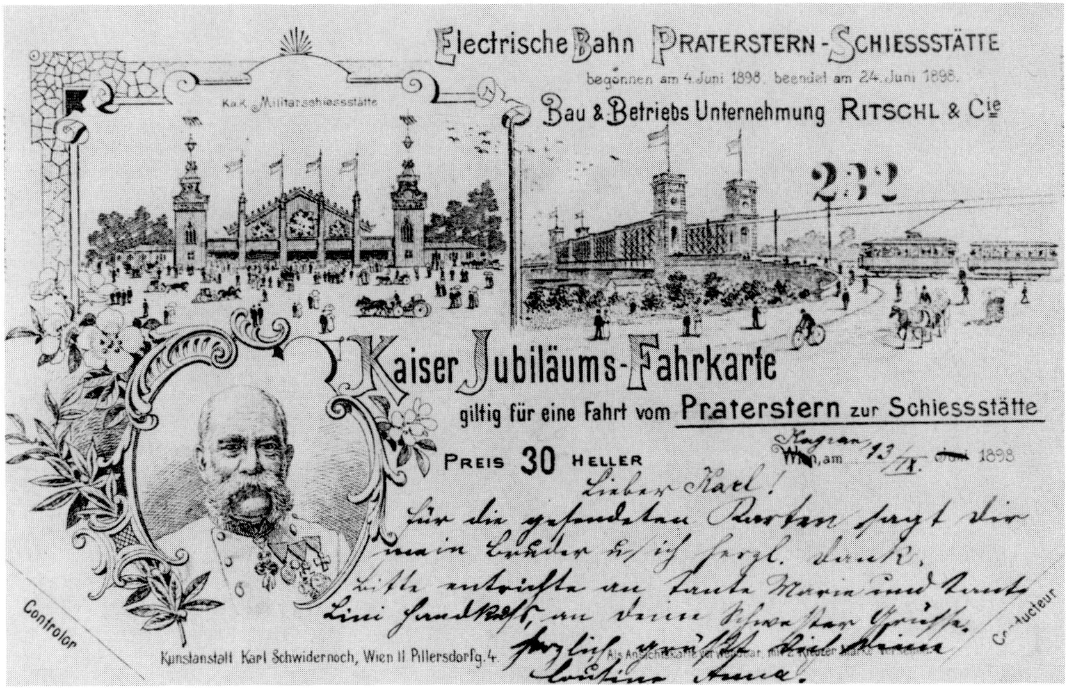

102. Der an die Firma Ritschl vergebene Bau der Straßenbahnlinie Praterstern-Militärschießstätte, sollte zeitgerecht zum Festschießen anläßlich des 50jährigen Regierungsjubiläums Kaiser Franz Josephs fertiggestellt sein, was aber nicht ganz gelang. In Betrieb gesetzt wurde am 25. Juni 1898 lediglich der Abschnitt Vorgartenstraße-Schießstätte. Der fehlende Abschnitt konnte aber bald ergänzt werden. Außerdem wurde die Strecke bis Kagran verlängert. Das Areal der k.u.k. Militärschießstätte, die 1880 nordöstlich von der Wiener Reichsstraße, gegenüber vom Franz-Josefs-Land, angelegt wurde, behielt seine Funktion als Schießplatz bis etwa 1960. Schon früh zum Teil auch von den Sportschützen benützt – ab 1872 vom Wiener Schützenverein – fand hier 1936 die Weltmeisterschaft im Wurftaubenschießen statt. Heute befindet sich auf dem Gelände eine Sportanlage der Eisenbahner.

103. Das Gänsehäufel blieb nicht das einzige Bad an der Alten Donau. Noch vor dem Ersten Weltkrieg wurden das Stadlauer Bad, das 'Jubiläums-Strandbad' der Straßenbahner, und auch das hier auf einer Karte um 1930 abgebildete Arbeiterstrandbad (Blick in Richtung Floridsdorf, auf die Pfarrkirche St. Leopold) errichtet. In der Zwischenkriegszeit kamen das Strandbad Alte Donau, von der Stadt Wien erbaut, und das Polizeibad hinzu. Das an der oberen Alten Donau vom 1909 gegründeten Arbeiterschwimmverein vor allem mit Hilfe von Beiträgen von Buchdruckern und mit Unterstützung der Nußdorfer Brauerei 1912 eröffnete Arbeiterstrandbad bietet mit seinem 450 m langen Strand 8 000 Personen Platz. 1934 ging das Bad in die Verwaltung der Sportvereinigung des Gewerkschaftsbundes, nach 1945 an die Stadt Wien über.

104. Auf dem Gebiet des ehemaligen 'Großen Säulenhaufens', dort wo sich heute die UNO-City und der Donaupark ausbreiten, war bis 1963 die wilde Siedlung Bretteldorf. Schon vor 1900 wurden auf diesem Gelände, das bis 1935, bevor es in den Besitz der Stadt Wien überging, dem Stift Klosterneuburg gehörte, von den ärmsten der Armen ohne Baugenehmigung die ersten Bretterhütten errichtet, die später der Siedlung den Namen gaben. Trotz des ständigen Konflikts der Bewohner mit der Stadtverwaltung wuchs die Siedlung auf den kleinen vom Stift verpachteten Parzellen bis 1937 auf 456 Häuschen an (auf dem Bild um 1920). Eine Kanalisation gab es nicht und wegen der nahen 'Mistg'stättn' auch kein eigenes Trinkwasser. Durch Kündigung der Pachtverträge versuchte der Magistrat 1937 erfolglos, eine Absiedlung einzuleiten. Sie gelang erst nach 1945 durch Ablösen und die Vergabe von Wohnungen.

105. Das Russenkircherl, wie es noch heute im Volksmund genannt wird, weil im Ersten Weltkrieg russische Kriegsgefangene (neben Italienern) beim Bau mitgearbeitet hatten, sollte den Bretteldorfern als Notkirche dienen. Die Grundsteinlegung erfolgte am 4. Oktober 1916, doch konnte der Bau wegen fehlender Geldmittel bis Kriegsende nicht fertiggestellt werden. Erst Spendenaktionen – die Karte stammt aus einer solchen, die größte Sammlung führte aber der holländische Geistliche J. Vekemans in seiner Heimat durch – ermöglichte die Vollendung des Kirchleins, das nun in seiner Kleinheit und Bescheidenheit einen höchst eigenwilligen Kontrast zur hoch aufragenden Fassade der UNO-City abgibt.

106. In den Jahren 1872-1876 wurde über das neue Donaubett als Verbindungsstück zum abgeschnittenen Teil des II. Bezirkes – Kaisermühlen – und zu den vorgelagerten Marchfelddörfern die Kronprinz-Rudolf-Brücke geschlagen. 1920 erhielt sie den Namen Reichsbrücke. Die gesamte Länge der Fachwerkbrücke, einschließlich der Rampe, betrug 1 019,7 m. Die Fahrbahnbreite mit 7,58 m konnte aber dem wachsenden Verkehr bald nicht mehr gerecht werden, daher mußte an eine Neukonstruktion gedacht werden. Die neue, 1937 eröffnete Kettenbrücke, hielt aber nur knapp 39 Jahre: Am 1. August 1976 stürzte sie ein. Vier Jahre später, am 8. November 1980, konnte bereits die 'neueste' Reichsbrücke, die Fahrbahn, U-Bahnschacht und Fußgeherweg in sich vereint, in Betrieb genommen werden.